¿Cuán grande es tu ola?

Creando tu ola de influencia en la salud, los negocios y el liderazgo

Teri Secrest
con Beverly Banks

Joy of Living Publishers
Colorado Springs, Colorado

¿Cuán grande es tu ola? Creando tu ola de influencia en la salud, los negocios y el liderazgo
Teri Secrest con Beverly Banks

Segunda edición

Joy of Living Publishers
P.O. Box 63777
Colorado Springs, CO 80962
Se pueden encargar copias de los libros en www.terisecrest.com

ISBN: 978-0-9907873-6-5

Corrector de la traducción: Acentos, Inc.
Edición y diseño gráfico: Bonnie McDermid

Impreso en los Estados Unidos de América

Dedicatoria

Dedico este libro a mi equipo de Young Living. El honor de alcanzar el rango más alto de Young Living es gracias a todos ustedes. ¡Sin ustedes soy una persona común y corriente! ¡Juntos somos extraordinarios!

Gracias por vuestra dedicación de servir al prójimo para cambiar cómo piensa el mundo sobre el cuidado de la salud y por ayudar a tantas familias a mejorar su bienestar económico.

Los quiero con todo mi corazón.

¡Vuestra ola es GIGANTESCA!

Índice

Agradecimientos

Quiero expresar mi agradecimiento a varias personas, empezando con D. Gary Young, el padre de la destilación moderna. Gary ha sido mi mentor en todos los aspectos relacionados con los aceites esenciales y con la salud en general. Él ha sido con frecuencia como un padre para mí y siempre ha demostrado ser un buen amigo. Aprecio mucho los momentos pasados juntos, cuando Young Living estaba en sus comienzos. Recuerdo el momento cuando Gary me llevó a su jardín y me enseñó orgulloso sus hortalizas. ¡Ver a Gary crecer y llegar a ser una gran persona que está cambiando el mundo, me inspira todos los días! ¡Gracias, Gary!

También me gustaría dar las gracias a la encantadora Mary Young. Mary llegó a Young Living no solo con un gran olfato para el negocio sino también con estándares muy altos de estilo y belleza. Empezando sólo con unas etiquetas escritas a mano y un puñado de folletos hasta llegar a tener un etiquetado de primera calidad en una cuidada gama de colores, Mary ha llevado a Young Living a un nivel superior para equipararlo con la calidad de sus productos. Ella es una inspiración para todos nosotros.

Otro agradecimiento para John Maxwell y sus setenta libros *best sellers* sobre liderazgo que han educado e inspirado a la gente de todo el mundo por décadas. Aunque he sido bendecida por haber tenido muchos mentores buenos, lo que he aprendido de John sigue teniendo un gran impacto tanto en mi vida profesional como en la personal.

Estoy profundamente agradecida por el gran corazón de John, su fe y su habilidad para conectar con diferentes culturas y naciones. Desde lo más profundo de mi corazón, gracias John Maxwell.

Muchos de mis colegas saben que Beverly Banks ha estado conmigo como mi asistenta ejecutiva por muchos años. Beverly, no solo es una empleada leal y de confianza sino que también está convirtiéndose rápidamente en una emprendedora de éxito.

Durante el escaso tiempo libre que tiene Beverly, ella está siempre aprendiendo. Es una persona muy motivada y llena de ideas innovadoras. No le da miedo arriesgarse a probar ideas nuevas ni tiene temor al fracaso. Esa es una fórmula perfecta para el éxito.

Quiero dar las gracias especialmente a Beverly por ofrecer ideas innovadoras para mejorar este libro. Desafortunadamente llegará el día en que Beverly no podrá seguir trabajando conmigo, ya que también ha decidido involucrarse en el negocio de Young Living. Confío que llegará al nivel más alto.

Con amor y agradecimiento a todos ustedes.

Introducción

¡Bienvenido(a) a este increíble viaje de crear y expandir tu influencia relacionada con la salud, negocios y liderazgo con Young Living! El propósito de este libro es ayudar a crear un sólido plan exitoso de negocio con Young Living, ya sean nuevos miembros o personas con más experiencia en la empresa.

Este libro incluye técnicas de marketing innovadoras que mi equipo y yo hemos implementado para desarrollar nuestro negocio. Espero que tú y tu equipo puedan crear más ideas innovadoras.

Toma el tiempo que necesites y reflexiona sobre esto: La seguridad del trabajo nunca se encuentra en el trabajo en sí mismo, sino en la persona que quiere continuamente crecer y expandirse.

En mi último libro *Cómo triunfar con marketing relacional* (*How to Be a Stunning Success in Network Marketing*) comparto las razones por las que creo que este tipo negocio es el mejor para los emprendedores de hoy en día. Este libro *¿Cuán grande es tu ola?* es más específico a la hora de crear y desarrollar un negocio exitoso con la empresa de aceites esenciales de Young Living.

Dividí este libro en tres secciones, la primera es "¿Cuán grande es tu ola de la salud?" Puede que te preguntes por qué incluyo una sección sobre la salud en este libro.

Creo que la buena salud es un viaje de toda la vida. Tu salud es el pilar sobre el que se asienta todo lo que ocurre en tu vida y el éxito de tu negocio está directamente relacionado con el estado de tu salud. Mientras trabajamos con los productos de Young Living, nuestros conocimientos sobre la salud aumentan. Al aplicar estos conocimientos a nuestra salud, seguiremos siendo fuertes para el viaje y podremos ayudar a más personas en nuestro camino.

En la siguiente sección, "¿Cuán grande es tu ola de los negocios?", explico paso a paso las actividades que mi equipo y yo hacemos con cada nuevo miembro que decide trabajar con nosotros, proponiendo una estrategia completa de marketing.

Así como una silla no puede mantenerse sólo con dos patas, un buen plan de marketing también necesita varias actividades bien elaboradas que concurran al mismo tiempo para maximizar el éxito. Esta sección no es una guía estricta sino, es más bien una bella sinfonía en la que tú mismo eliges los instrumentos que quieres tocar.

El marketing es algo en lo que uno mejora con el tiempo y la práctica, analizando los resultados y volviendo a poner las técnicas en práctica.

La tercera sección "¿Cuán grande es tu ola de liderazgo?" es acerca de ser un buen líder. Cuando la leas, tendrás las suficientes herramientas para guiar a tu equipo. Hay varias cosas buenas en esa sección. Siendo certificada como instructora oficial de liderazgo por John Maxwell, incluyo algunos conceptos importantes que aprendí de él y de otros instructores de su escuela. Estos conceptos han tenido un impacto tan profundo en mi vida personal y profesional que no tengo palabras suficientes para describirlos.

¡Mi camino hasta conseguir *Diamante Corona Real*, el rango más alto de Young Living, ha estado lleno de aventuras! Y a ti, ¿te gustan las aventuras? Si la respuesta es sí, ¡estás en un lugar correcto! Si te gusta viajar por el mundo, conocer gente nueva y vivir una vida plena - ¡Young Living es la empresa para ti!

Young Living no solo ofrece el producto de más alta calidad en nuestra industria, sino que también tiene uno de los planes de compensación más generoso. ¡Puedes lograr tu "diploma de negocios" en cuatro años totalmente GRATIS aprendiendo nuevas y valiosas habilidades de los miembros de tu equipo, ganando dinero al mismo tiempo!

Aunque los críticos de esta industria siguen buscando defectos en ella, el marketing relacional crea y hace crecer a más emprendedores todas las semanas que el modelo de negocios tradicional.

Cuán grande es tu ola? ¡Tan grande como creas en ella! ¡Hagamos juntos este viaje de toda la vida!

¡Por tu éxito con amor!

Teri Secrest

Sección Uno

¿Cuán grande es tu ola de la salud?

¿Cuán grande es tu ola de la salud?

¡Las estadísticas son alarmantes! La diabetes y la obesidad infantil tienen niveles epidémicos en los Estados Unidos de América. ¡Para evitar un desastre para la siguiente generación tenemos que hacer algo ya! Y cada uno de nosotros puede formar parte de esa solución.

Como mensajeros del bienestar de Young Living podemos educar a nuestros clientes sobre la importancia de una nutrición adecuada junto con los suplementos nutritivos de Young Living. Muchos médicos de renombre han llegado al consenso de que se pueden prevenir muchas enfermedades con una sola decisión - la decisión de adoptar una dieta saludable.

Por dieciocho años los padres tienen una gran oportunidad de servir de modelos y enseñar a sus hijos sobre una vida sana. Ahora que mi último hijo ingresó a la universidad, puedo decir honestamente que alimentar bien a mis hijos es un compromiso constante y no lo cambiaría por nada en este mundo.

Mientras ayudaba a mi hijo con la mudanza para empezar su segundo año de universidad me preguntó: "Mamá, ¿podríamos hacer la compra en una tienda naturista de comidas sanas? ¡El año pasado la comida en la cafetería era horrible! ¡Este año quiero comer todo orgánico!" ¡No pude contener la risa!

¡Podemos influir en la vida de miles de personas simplemente siendo sanos! La mejor parte es que esto te va a ayudar en tu negocio con Young Living ya que tu salud y tu vitalidad atraerán a la gente. Crear una ola de salud empieza con nuestra propia salud y la salud de nuestra familia.

Tres formas de mantenerse fuerte

1. ¡A caminar!

¿Puedes recordar la última vez que te sentiste realmente bien; lleno de energía, con actitud positiva y listo para enfrentar el día? Quiero compartir contigo un secreto que mucha gente respetable a lo largo de la historia fue descubriendo. Un secreto que literalmente puede mejorar tu forma física y emocional y que puedes empezar a ponerlo en práctica hoy mismo—¡caminar!

Nuestro querido 16° presidente, Abraham Lincoln, admitió que muchas de las decisiones más importantes durante su presidencia las tomó mientras caminaba por las colinas de Springfield, Illinois.

¡Dios nos creó para caminar! Caminar rápidamente es bueno para todos los sistemas de tu cuerpo; limpia tus pulmones, ayuda a mantener tus hormonas felices, y lo mejor es que al oxigenar tu cuerpo empiezas a sentirte mejor tanto física como emocionalmente ¡sin saber por qué! Sorprendentemente, la ciencia moderna ha descubierto que una de las causas más importantes de la depresión es la falta de oxígeno en el cerebro. Así que caminando ayudas a mejorar tu salud emocional todos los días.

Como promotora de la salud y el bienestar

personal, lo que más me entristece ver a diario es el aumento de la obesidad en los adolescentes. ¡Es una tragedia! ¡Podemos cambiarlo empezando por nuestro propio hogar y con las decisiones que tomamos! Incluso si creciste en un entorno donde tus padres no tenían una vida muy sana, tú puedes ser diferente y empezar tu propio legado hoy mismo.

¡Consejos para empezar a caminar!

- Invierte en unas zapatillas deportivas con buen apoyo para los pies.
- Habla con tu familia y amigos y trata de conseguir un acompañante para caminar (no dejes que no tenerlo te inhiba de caminar,

puedes emplear ese tiempo a solas meditando o disfrutándolo para pensar creativamente).

- Empieza con un pequeño compromiso, como veinte minutos, tres o cuatro veces a la semana. Sigue aumentando hasta llegar a cuarenta y cinco minutos, cinco o seis veces a la semana, cuando tengas más energía.
- Sé consciente de "cómo" caminas. Al empujar bien con tus pies al caminar consigues buena velocidad, buen ritmo y tonificas tus pantorrillas.
- Aparca el automóvil lejos de la entrada a las tiendas. Sube las escaleras en vez de tomar el ascensor.
- Como resultado de mis paseos diarios me encuentro mucho mejor ahora que cuando tenía veinte años y ¡tú también puedes! ¡Disfrutemos de longevidad con vitalidad!

Dato: Los expertos aconsejan caminar 6.000 pasos diarios para mejorar el estado de tu salud y 10.000 pasos para adelgazar.

Dato: Caminar aumenta la absorción de oxígeno en el cerebro y ayuda a prevenir la depresión.

Una comida en nuestra oficina - una enorme ensalada viva y zumo *Ningxia*® *Red*. ¡Acompáñame!

2. Elige comidas sanas

¡Amantes del buen comer, uníos!

Muchas veces en el marketing relacional vamos tan de prisa que olvidamos de cuidarnos a nosotros mismos. Así que voy a recordarles unos conceptos de mi otro libro *Eating Out of Heaven's Garden* (*Comer del jardín del paraíso*) ¡para que te ayuden a aprovechar la energía al máximo!

- La salud no lo es todo, pero sin ella la vida no tiene mucho valor.
- ¡La vida y la muerte dependen del poder de nuestros tenedores!
- Una verdad muy simple es que la comida viva proporciona vida a nuestro cuerpo. La comida llena de azúcar y la comida muerta produce muerte en nuestro cuerpo.
- Añadir los aceites esenciales Young Living al agua y a muchas de las recetas puede agregar entusiasmo a tu vida aumentando al mismo tiempo el perfil nutricional de los alimentos.

No podemos cambiar nuestra propia salud por el éxito. Teri Secrest

¡Houston, tenemos un problema!

¡En los Estados Unidos el 25% de todas las verduras consumidas son las papas y la mayoría se consumen como papas fritas!

¡Houston, tenemos una solución!

La naturaleza nos ofrece abundantes verduras y hortalizas de muy diferentes colores, proporcionándonos diferentes nutrientes vitales para nuestra salud. Es fundamental que expandamos nuestras dietas para incluir una gama de comidas de diferentes colores.

¡Noticias interesantes sobre el color de las comidas!

Nacimos para tener una dieta colorida. El color de las verduras y frutas que comemos nos da pistas sobre sus beneficios para nuestra salud.

Alimentos rojos, ¡fortalecen y protegen! Contienen hierro para una sangre sana, minerales para los huesos y dientes sanos; además, antioxidantes para apoyar al sistema inmunológico y a los demás sistemas de nuestro cuerpo.

Alimentos amarillos y naranjas, tienen un alto contenido de vitamina A para proteger la visión y cuidar los ojos. Los antioxidantes en los alimentos color naranja ayudan además a regenerar el tejido para lucir una piel hermosa. La fibra que contienen también te ayudará a tener una evacuación intestinal regular.

Alimentos verdes, ayudan a construir huesos fuertes, apoyan al sistema inmunológico y limpian el sistema digestivo. Además, las verduras de hojas verdes oscuras, ¡contienen más calcio que la leche!

Alimentos azules y morados, rejuvenecen a las células. Contienen poderosos antioxidantes que pueden proteger de las inflamaciones y reducir el riesgo de sufrir derrames y enfermedades cardiacas.

Alimentos blancos, son tus "defensores blancos" fortaleciendo tu sistema inmunológico y protegiéndote con su poder nutritivo. Pueden cumplir funciones de antibióticos naturales, como por ejemplo el ajo, que es el número uno de la lista.

Las frutas son los limpiadores en el cuerpo y las verduras son los constructores. ¡Las verduras son los reyes! Añadamos más verduras a nuestra dieta.

Receta especial de Teri para el agotamiento

Haz una selección variada de verduras orgánicas de diferentes colores y colócalas en una olla sopera con agua filtrada. Tapa la olla y deja que la mezcla alcance la ebullición. Después, baja la llama y deja que la sopa se cocine lentamente por dos horas. Escurre la verdura y bebe el caldo durante el día. Hace maravillas para reponer los minerales importantes de tu cuerpo.

Apaga el móvil, cancela todas las citas y relájate.

¡Mensajes secretos en las formas de los alimentos!

Diferentes investigaciones han validado que la forma de ciertos alimentos nos puede servir de una pista sobre sus poderes curativos y regenerativos en el cuerpo.

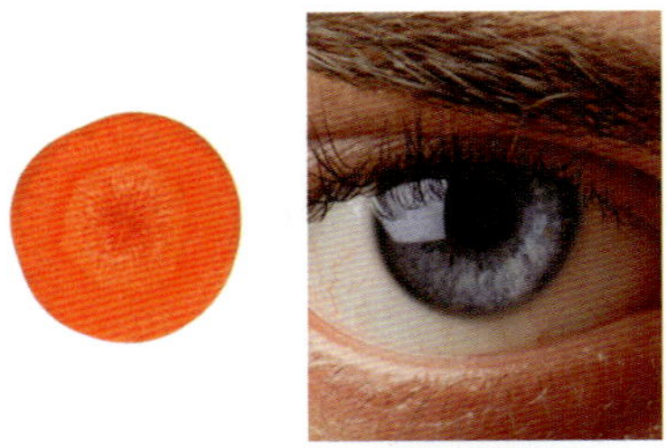

Carotenoide en la zanahoria, favorece una buena visión y una correcta función de los ojos.

El apio es una fuente excelente de silicio que proporciona fuerza a tus huesos.

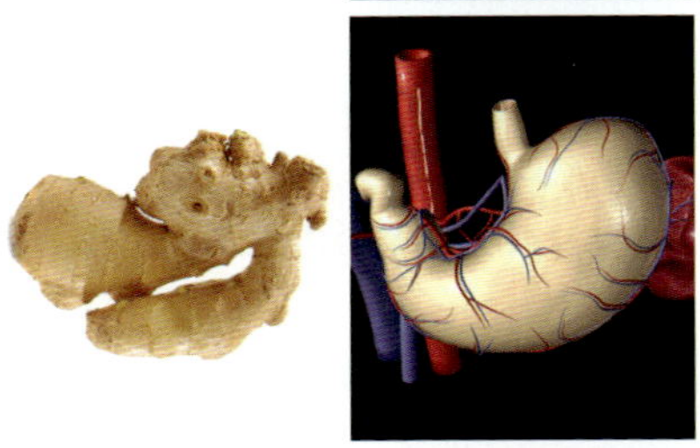

¿Dolor del estómago? Corta un trocito de jengibre y hazte un té.

Un tomate orgánico y maduro ayuda a nutrir las funciones correctas del corazón. Gracias a los licopenos, también reduce el riesgo de padecer enfermedades cardiacas.

Enamórate del humilde frijol

Los frijoles y las legumbres están llenos de vitaminas, proteínas y minerales. ¡Son económicos, fáciles de preparar y deliciosos! Los frijoles y las legumbres son lo mejor que hay para perder peso - tienen un alto contenido en fibra y un bajo contenido de grasas. Pueden bajar el colesterol, reducir el riesgo de enfermedades cardiacas y ayudar a resolver muchos problemas más. ¡Atrévete a probar algunos que todavía no conozcas! Adzuki, frijol de lima, frijol negro, rojos, garbanzos, frijoles blancos... ¡la lista es infinita!

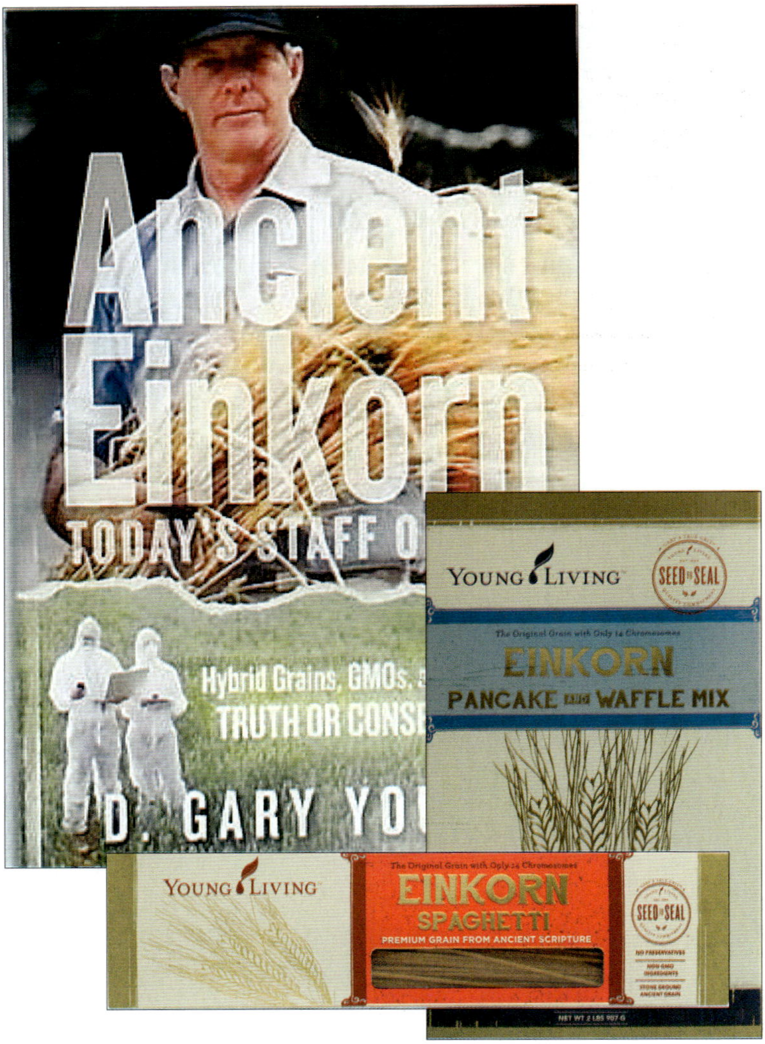

Dato: Gary Young está a la vanguardia y decidido a volver a cultivar cereales integrales, sin OGM (organismos genéticamente modificados), no híbridos, empezando con el einkorn.

Los cereales antiguos son la respuesta a los cereales OGM

¡Introduciendo el cereal antiguo más interesante y redescubierto para las necesidades de la salud moderna - EINKORN!

El trigo einkorn fue una de las primeras plantas domesticadas y cultivadas hace más de 5.000 años. Comparado con la harina de trigo de hoy en día, el trigo einkorn integral es mucho más nutritivo:

- Doble de contenido de vitamina A
- 3-4 veces más betacaroteno
- 4-5 veces más riboflavina
- 3-4 veces más luteína
- Índice glucémico 20% más bajo (65 vs. 85)

Por primera vez Young Living está haciendo accesibles tres productos principales utilizando este valioso cereal: *Einkorn Pancake y Waffle Mix, Harina Einkorn y Spaghetti Einkorn.*

¡Las grasas buenas son fundamentales para tu cerebro y las hormonas!

¡Uno de los errores más grande que cometieron los estadounidenses, desde hace 20 años, fue seguir una dieta baja en grasas! Esta confusión no solo privó a la gente de los valiosos nutrientes que se encuentran en las grasas buenas sino que además, aumentó la obesidad, ¡en vez de reducirla!

Elige grasas orgánicas, como el aceite de oliva, aguacate, cártamo, girasol, coco, semilla de uva o mantequilla. Elige los de primera prensa en frío ya que éstos contienen todos los nutrientes, el aroma y el sabor de la semilla.

Sin embargo, los mejores aceites para cocinar son: el aceite de coco y de semilla de uva debido a que éstos no cambian su estructura molecular al calentarse. Evita las grasas malas, como por ejemplo el aceite de canola/colza (OGM), margarina u otros aceites hidrogenados.

Introduciendo un edulcorante de Young Living natural y delicioso – néctar de agave

La mayoría de las comidas y las bebidas contienen grandes cantidades de jarabe de maíz con alto contenido en fructosa. Este edulcorante está directamente relacionado con la obesidad, el aumento del riesgo de sufrir diabetes, el aumento de la presión sanguínea y de muchos problemas más.

El azúcar blanco refinado, asimismo, tiene efectos devastadores para nuestra salud. Resulta muy ácido para el cuerpo, reduciendo los minerales de los huesos y de los órganos, puede causar altos niveles de grasas en la sangre y aumentar el riesgo de enfermedades cardiacas.

Dato: El edulcorante más peligroso es el jarabe de maíz con alto contenido en fructosa.

Empecé una tradición llamada "*Fabulous Food Fridays*" (Comida magnífica de los viernes) donde los compañeros de secundaria de mi hijo menor venían a mi casa a almorzar comida gourmet. Era una aventura divertida y el mejor lugar si eras alguien popular en la escuela.

Comida casera deliciosa en minutos

Las dos razones básicas por las que la gente no come sanamente es porque se siente intimidada y convencida de que cocinar en casa ocupa muchísimo tiempo. Las comidas caseras pueden ser muy sencillas y estar listas en menos de treinta minutos.

Además, creo que descubrirás lo divertido que puede ser involucrar a tu familia en la preparación de la comida. Nosotros tenemos maravillosos recuerdos en la cocina y tú también puedes tenerlos

¡A picar!

Aprender a picar las verduras con cuchillos de estilo asiático puede resultar una habilidad muy beneficiosa para tu salud. Recuerda que un cuchillo desafilado es mucho más peligroso que uno afilado, así que mantenlos bien afilados.

¡Apuesto que sé lo que estás pensando! “Teri, todo esto me parece genial pero nosotros somos una familia de dos, ambos trabajamos y sinceramente no encontramos tiempo para preparar todos esas comidas sanas”.

Aquel que sabe picar la verdura rápido, terminará comiendo más verdura. Teri Secrest

Cinco pasos sencillos para crear un estilo de vida más saludable

Si te cuesta incorporar la comida sana en la dieta familiar, te doy cinco pasos que puedes seguir, empezando hoy mismo:

1. Saca la comida basura de tu despensa o terminarás comiéndotela. ¡Cereales azucarados, refrescos y toda la comida basura se tienen que ir!
2. Selecciona un día a la semana para planificar el menú semanal.
3. Elige otro día para hacer la compra de alimentos para la semana. Trata de comprar en la periferia de los pasillos del supermercado donde se encuentran los alimentos sanos.
4. Incrementa la cantidad de comida cruda que consumes diariamente hasta por lo menos una taza al día.
5. Lee el capítulo dos de mi libro *Eating Out of Heaven's Garden* (*Comer del jardín del paraíso*), y prueba una nueva receta cada semana.

*ANOTACIÓN: Las siguientes declaraciones no han sido evaluadas por la administración de comidas y medicamentos (FDA). Estos productos no tienen como finalidad diagnosticar, tratar, curar o prevenir enfermedades.

Suplementos potentes de alimentos integrales de Young Living

Cuando Young Living lanzó *Ningxia Red* y una variedad de alimentos y suplementos alimenticios deliciosos e infusionados con aceite esencial, yo finalmente obtuve la solución saludable que ofrecer a mis amigos y clientes que no tenían tiempo para cocinar.

Nuestros diez suplementos principales

Hablemos sobre los mejores productos de Young Living que son deliciosos y apoyan la salud de cada sistema del cuerpo humano.*

Lo que diferencia a los suplementos nutritivos Young Living de los demás son los aceites esenciales que contienen y que sirven como vehículo de los nutrientes del mismo suplemento. Es una ventaja que hace que sean especialmente fáciles de asimilar por el cuerpo humano.

Sinceramente recomiendo que agregues los siguientes productos a tu listado de Recompensas Esenciales para optimizar tus puntos de productos gratuitos. Ve a la página 83 para aprender más sobre como recibir productos gratis.

Lo que aprendí a lo largo del tiempo es que, llevando una dieta sana, ¡los productos de Young Living funcionan aun mejor y más rápido!

Infusión antioxidante Ningxia Red

Ningxia® Red

Ningxia Red es el producto base de todos los alimentos de Young Living. Es el primer núcleo nutricional al cual se le añaden otros suplementos Young Living.

El zumo *Ningxia Red*, fortifica, revitaliza y da energía a todo el cuerpo proporcionando a la vez salud, bienestar, y además apoya la salud de los ojos.

Ningxia Red contiene cuatro aceites esenciales cítricos con alto contenido en d-limoneno que lo diferencia de otras bebidas antioxidantes en el mercado.

Master Formula

Master Formula™

Master Formula es un suplemento base que comienza con nutrientes derivados de alimentos y después los fortifica con minerales, antioxidantes, biotina y aceites esenciales para proporcionar un bienestar general. *Master Formula* contiene probióticos para mantener sano el sistema digestivo, sobretodo la flora intestinal y ayuda a neutralizar los radicales libres de nuestro cuerpo.

El uso de este suplemento es seguro para toda persona mayor de doce años que desea mantenerse sana con multivitaminas de muy alta calidad y de amplio espectro.

Pure Protein Complete proteína rápida de alta calidad

Pure Protein Complete™

Nos encanta preparar los batidos con *Pure Protein Complete*, tanto para desayunar como para merendar de manera saludable. (¡Young Living tiene la mejor botella para hacer batidos!) *Pure Protein Complete* es un suplemento proteico de suero de leche muy completo, que aporta 25 gramos de proteínas por cada porción, manteniendo niveles adecuados de energía.

Además, tenemos dos sabores excelentes: *Chocolate Deluxe* y *Vanilla Spice*. Para preparar el batido añade una o dos cucharadas de tu sabor favorito a la botella de batidos de Young Living, agrega varios mililitros de leche entera orgánica o cualquier otra bebida que elijas y agita bien. Pruébalo añadiendo 60 ml de *Ningxia Red* para proporcionar sabor y nutrición adicional.

MindWise para el cerebro y el corazón

MindWise™

Producido a partir de la exótica nuez sach inchi y de una mezcla especial de nutrientes, *MindWise* es un delicioso aceite vegetariano elaborado mediante prensado en frío. *MindWise* tiene una alta proporción de ácidos grasos insaturados y un inigualable porcentaje de los beneficiosos ácidos grasos Omega-3. Además contiene CoQ10, importantes cantidades de vitamina D3 y numerosos ingredientes que proporcionan apoyo para el normal funcionamiento de la memoria y de la salud cognitiva y cardiovascular.

Sulfurzyme

Sulfurzyme®

Sulfurzyme combina bayas de goji con MSM (Metil Sulfonil Metano), una fuente natural y orgánica de azufre alimentario muy necesario para mantener la estructura proteica, apoyar un desarrollo celular correcto y favorecer el funcionamiento adecuado de las membranas celulares. Asimismo ayuda a la comunicación intercelular y a preservar la estructura molecular del tejido conectivo. MSM ayuda a mantener sanos el sistema inmunológico, las funciones hepáticas, la circulación, la función intestinal y además ayuda a eliminar los radicales libres. Las bayas de goji contienen minerales y coenzimas que ayudan a la adecuada asimilación y metabolismo del azufre.

Más energía con MultiGreens

MultiGreens™

Uno de los aspectos que más aprecio sobre *MultiGreens* es su aporte energético. Es una fórmula nutritiva con clorofila, diseñada especialmente para aumentar la vitalidad, favoreciendo el correcto funcionamiento de los sistemas linfático, glandular, nervioso y circulatorio.

MultiGreens está hecho con espirulina, brotes de alfalfa, cebada, polen de abeja, eleutero (ginseng siberiano), alga marina del océano Pacífico y aceites esenciales de grado terapéutico.

Probióticos Life 5 para la digestión sana

Life 5™

La digestión es clave para el bienestar y la salud general. *Life 5* favorece el funcionamiento adecuado del sistema digestivo y de una buena salud intestinal. Proporciona cinco cepas de probióticos clínicamente probados, incluyendo dos cepas muy avanzadas para fortalecer la salud intestinal, sostener los niveles de energía y mejorar la eficacia del sistema inmune.

Una sola cápsula de *Life 5* contiene 10 mil millones de cultivos activos y mejora la colonización hasta diez veces.

Los minerales son fundamentales para la absorción de las vitaminas

Mineral Essence™

Linus Pauling Ph.D., dos veces ganador del premio Nobel, dice que "se puede rastrear toda enfermedad y dolencia a una deficiencia mineral". Los minerales iónicos son el tipo de mineral que más rápido se absorbe y además, su absorción es completa.

Mineral Essence es un complejo iónico bien equilibrado, de amplio espectro y fortalecido con aceites esenciales.

Inner Defense para un sistema inmunológico

Inner Defense™

Inner Defense está formulado con aceites esenciales de orégano, tomillo, citronela y una mezcla de aceite Thieves. Estas cápsulas de gel líquido *Inner Defense* de Young Living fortalecen las defensas sistémicas, promueven las correctas funciones respiratorias y son ricas en nutrientes que apoyan al sistema inmunológico.

Longevity promueve un bienestar integral

Longevity™

Antes de que Young Living creara la fórmula maravillosa *Longevity*, la mayoría de nosotros pasábamos mucho tiempo llenando nuestras propias cápsulas con aceites esenciales.

Las cápsulas gelatinosas *Longevity* contienen una poderosa mezcla antioxidante enriquecida con aceites esenciales de tomillo, incienso y naranja, además de aceite de clavo de olor, que es el antioxidante más poderoso de la naturaleza.

Longevity protege nuestros niveles de DHA (ácido docosahexaenoico)—un nutriente responsable del buen funcionamiento del cerebro y de la salud cardiovascular— fomenta la regeneración adecuada de las células sanas, además de apoyar las funciones hepáticas e inmunológicas.

3. Rélajate y descansa

La fatiga adrenal y el insomnio han alcanzado niveles epidémicos en los Estados Unidos. Nosotros, como empresarios, tenemos que tomar la decisión consciente de descansar y relajarnos todos los días. Dormir bien es fundamental, ya que permite regenerar nuestro sistema inmunológico.

Es muy importante crear un ambiente tranquilo antes de acostarnos. Poner el difusor con aceites esenciales relajantes y apagar todos los dispositivos electrónicos debe ser nuestra rutina diaria. La sobrecarga de dispositivos electrónicos a tu alrededor puede causar la excitotoxicidad en tu cerebro. Intenta relajarte escuchando música tranquila para conseguir un sueño profundo.

Mi compromiso personal de la salud

¿Estás dispuesto a renovar el compromiso con tu salud personal?

Yo , ______________________________ ,

me comprometo a hacer que mi salud sea prioridad y de compartir mis conocimientos con los demás.

A partir de hoy, me propongo añadir el siguiente compromiso a mi rutina actual diaria de salud.

____

____

____

____

____

Tu firma

____

Fecha

Dato: Como embajadores de la salud debemos ser modelos de buenos hábitos de salud para nuestros clientes y asociados—incluyendo el descanso.

Sección Dos

¿Cuán grande es tu ola de los negocios?

¿Cuán grande es tu ola de los negocios?

Hace unos años, un hombre de negocios muy exitoso, Peter J Daniels, vino de Australia para dar unas conferencias y ¡revolucionó mi mundo!

Dijo, entre otras cosas, que los dos factores que hicieron a los Estados Unidos de América tan exitoso en sus primeros años fueron: ¡el inmerecido favor de Dios y los emprendedores! Los emprendedores empezaron con una idea creativa, se remangaron las camisas, se pusieron a trabajar y no se rindieron hasta conseguir el éxito.

Daniels mencionó, que en esa época se desarrollaron más ideas innovadoras que en cualquier otro momento en la historia. Dijo, además, que había estado en los Estados Unidos de América 150 veces y que esta vez venía con una advertencia. Observó que hemos trasladado muchos de nuestros negocios e industrias fuera del país y que demasiada gente deposita sus esperanzas en que el gobierno les proporcione trabajo y ayuda. Proclamó también, que había llegado el momento en el que los emprendedores de Estados Unidos debían levantarse y tomar el lugar que se merecían.

Mi decisión de educar a la gente sobre nuestra industria

Hasta este punto de mi carrera con Young Living nunca había tenido que dar una clase sobre negocios. Mientras eso dice mucho sobre la calidad de nuestros productos y agradezco eternamente a mis miles de consumidores felices, ahora me doy cuenta de que, ¡nuestro plan de negocios es realmente el mejor producto que ofrecemos!

Amigos y amigas, NOSOTROS somos los emprendedores modernos de hoy en día. ¡NOSOTROS somos la solución para los desafíos económicos actuales! Tenemos un modelo de negocios estupendo que nos permite crear estabilidad económica para nuestra familia y nos permite compartir lo que tenemos en abundancia con otras personas en el mundo.

Aprende sobre la abundancia

¿Qué tipo de negocio estamos emprendiendo con Young Living? Estamos en un negocio de formación para el bienestar y en un negocio de recomendaciones; recomendamos productos y servicios que nos encantan y en los que creemos profundamente. Básicamente lo que ofrecemos en Young Living es bienestar, propósito y abundancia.

Con toda la negatividad y la crisis de la que hablan los medios de comunicación en estos últimos años, considera esta realidad: ¡El capitalismo financia la filantropía!

¿Quién proporcionó alimentos a la mayor cantidad de personas en 2014? Bill Gates. ¿Quién está totalmente decidido a erradicar el hambre en el mundo? Richard Branson, el dueño de la línea aérea Virgin Airlines. Puede que no esté de acuerdo con la política de ambos pero sí con el sistema de libre empresa.

Sea quien sea la persona que dijo "es más noble ser pobre", ¡estaba muy mal informada! ¿Cómo vas a dar de comer al mundo si no tienes dinero? ¿Cómo vas a comprar un vehículo nuevo cuando el antiguo que tienes se descompone, si eres pobre?

¿Estás de acuerdo conmigo cuando digo que el dinero en buenas manos es algo muy bueno? La libre empresa es el mejor sistema económico que el mundo ha conocido y es este mismo sistema que financia la filantropía.

Desarrollar la mentalidad de la abundancia

Lo primero que deben hacer todas las personas en el marketing relacional es cambiar su mentalidad sobre la pobreza u otra mentalidad negativa que hayan adquirido. Yo personalmente, he tenido mucha suerte por venir de una familia de emprendedores, pero si ese no es tu caso tienes que comprender lo siguiente: "La historia previa de tu vida NO dicta tu destino".

Siendo una mujer de fe y con treinta y cinco años de experiencia como empresaria, creo que Dios se preocupa mucho por nuestro bienestar económico. Deja que comparta uno de mis versículos preferidos sobre el tema:

Querido hermano, ruego a Dios que así como te va bien espiritualmente, te vaya bien en todo y tengas buena salud. 3 Juan 1:2

Examinemos las tres partes de ese versículo: Dios no sólo se preocupa por nuestra salud y bienestar físico sino también por el bienestar económico y el bienestar de nuestra alma. Muchos eruditos definen el alma como la parte que incluye a la mente, la voluntad y las emociones. La palabra "así" es una palabra muy importante ya que indica la importancia del bienestar de nuestra propia alma prosperando junto con nuestra salud y bienestar económico.

Si conseguimos desarrollar el alma, que incluye nuestro carácter y la salud tanto física como emocional, estaremos más dispuestos y preparados para llevar bien nuestras finanzas. Sin embargo, si logramos bienestar económico antes de que nuestro carácter se desarrolle y madure, vemos muchos ejemplos en el mundo de personas que no están preparadas para manejar bien la abundancia.

A lo largo de los años me di cuenta que muchos buenos distribuidores de Young Living que trabajan duro para obtener resultados, se sienten culpables de recibir dinero por sus servicios. Algunos sienten que su vocación es ayudar a los demás y se sienten mal recibiendo dinero por ello.

¿Acaso tu médico o dentista o un farmacéutico se siente mal por cobrar su cheque del sueldo? Claro que no. Han prestado un servicio a la gente y sienten que se han ganado el dinero.

Entonces, ¿por qué un distribuidor con Young Living debe sentirse culpable de ser recompensado por ayudar a los demás a conseguir una salud óptima? No tiene sentido, considerando la cantidad de horas que los "mensajeros del bienestar" dedican a su pasión de ayudar a los demás. En mi opinión, no querer recibir la bondad financiera que se nos ofrece por nuestros esfuerzos es rechazar la economía de Dios. Creo que este versículo lo deja bastante claro:

El trabajador merece que se le pague su salario.
1 Timoteo 5:18

El dinero nunca ha sido el origen de todos los males; más bien lo ha sido el amor por el dinero. Es triste que este versículo haya sido sacado de contexto tantas veces y haya mantenido a mucha gente buena en la pobreza durante años. Dedica tu tiempo y esfuerzo para desarrollar una mentalidad sana sobre el dinero ya que el marketing relacional ofrece una oportunidad para la abundancia como ninguna otra profesión del mundo hoy en día.

Notas

La ley del tope

Nuestra capacidad para aceptar y disfrutar la abundancia está relacionada con la opinión que tenemos sobre nosotros mismos. Aprendí la Ley del tope (*The Law of the Lid*) de John Maxwell.

Pregúntate a ti mismo: "¿Cómo te ves a ti mismo como un líder en la escala de 1 a 10 siendo 10 la puntuación más alta? Mi número es: ______________

Así es como funciona la Ley del tope: por ejemplo, si te ves como un siete, has puesto un tope o un límite invisible que te dificultará avanzar y aumentar ese número. Ahora, pregúntate a ti mismo ¿cómo podrías cambiar tu autopercepción para exceder ese número? Ten en cuenta tus habilidades como líder y tu autoimagen. Pide a tu mejor amigo que te ayude a aumentar ese número.

Como mujer de fe, creo profundamente que ¡Dios te ve como diez! ¿Qué podrías cambiar para verte a ti mismo como diez también?

Estructura de la organización en una corporación tradicional

El modelo tradicional de las empresas en los Estados Unidos tiene una estructura piramidal, dónde solo muy pocos llegan a los rangos más altos.

¡Los críticos de nuestra industria están equivocados!

Compara la estructura de las empresas a la ingeniosa estructura del marketing relacional.

Estructura de la organización en un negocio de marketing relacional

El marketing relacional tiene una estructura de pirámide invertida, dónde el trabajo en equipo ofrece a todos las mismas oportunidades de llegar a los niveles más altos.

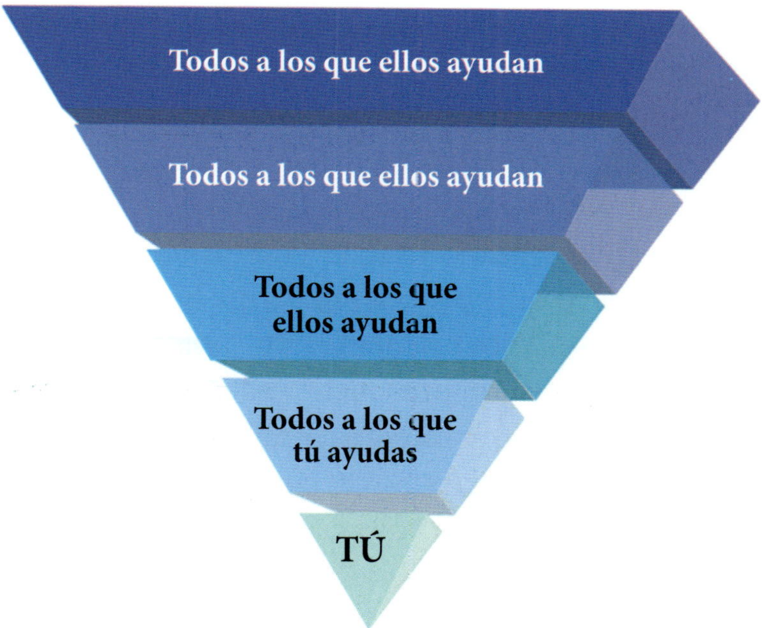

La estructura de la organización de un equipo de marketing relacional puede compararse a un árbol hermoso, sano y fuerte. TÚ eres la base y el director ejecutivo desde el principio.

Identificar tu "por qué"

Descubrir e identificar tu "por qué" es una de las primeras cosas que tienes que determinar antes de empezar a desarrollar tu negocio con Young Living. Aquí tienes algunas preguntas claves que tiene que hacerte a ti mismo:

1. ¿Por qué te interesa tener otra fuente de ingresos? Esa pregunta puede provocar diferentes sentimientos en mucha gente. El dinero es solo una de las herramientas que utilizamos para lograr nuestros objetivos.
2. ¿Qué te gustaría conseguir con el dinero?
3. ¿Qué es lo que te apasiona pero no te lo puedes permitir en este momento? Tu "por qué" puede empezar siendo una meta práctica como por ejemplo: ahorrar dinero para las vacaciones o hacer un pago extra por tu coche. Con el tiempo, cuando tu negocio vaya creciendo, tu "por qué" puede cambiar y expandirse.
4. Es todo lo que se encuentra en tu corazón y te motiva. Ten en cuenta que siempre puedes expandirlo a medida que alcanzas niveles más altos de éxito en Young Living y logras algunos de tus objetivos.

Por último, puede que tu "por qué" tenga muy poco que ver con el dinero en sí y mucho más con el deseo profundo de tu corazón. Recuerda que mientras vivimos en este mundo tenemos que sobrevivir y funcionar en la economía mundial.

Por lo tanto, sé lo más claro posible de por qué desearías crear un negocio exitoso de Young Living. Este "por qué" te dará aliciente y motivación cuando las cosas se pongan difíciles.

Escribe tu "por qué" a continuación:

Crea sueños y visiones para tu vida

En Young Living nos pagan una vez al mes. Imagínate que vas al buzón de correos, lo abres y ves el cheque de Young Living. Abres el sobre y miras la cantidad escrita; esa cifra te da un sentimiento de logro y de profunda satisfacción. Sientes realmente que tu negocio con Young Living es un éxito.

¿Cuál es esa cantidad para ti? Piensa en esta cantidad y compárala con los montos en la siguiente tabla, que es la declaración oficial de ingresos de Young Living. ¿En qué posición de la tabla te encuentras?

Mira el rango que te gustaría obtener. ¿En cuánto tiempo podrías obtenerlo? ¿Cómo te gustaría mirar tu cheque y ver esa cantidad en él?

¿Qué aportaría un negocio exitoso a tu vida? Incluso piensa fuera del negocio. ¿Cómo te gustaría que fuera tu vida realmente?

Rango	Promedio de las horas trabajadas por semanai	Porcentaje de todos los distribuidores	Ingresos mensuales promedio	Anualizar ingreso promedio
Estrella	8	4.5 %	$79	$948
Estrella Mayor	9	1.5 %	$255	$3.060
Ejecutivo	11	.7 %	$549	$6.492
Plata	18	.3 %	$2.221	$26.652
Oro	24	.1 %	$6.042	$72,504
Platino	33	<.1 %	$14.710	$176.520
Diamante	31	<.1 %	$38.750	$465.000
Diamante Corona	39	<.1 %	$74.335	$892.020
Diamante Corona Real	37	<.1 %	$141.851	$1.02.212

Los ingresos de los distribuidores independientes en este documento no representan necesariamente los ingresos que los distribuidores Independientes de Young Living tienen ó acceden mediante el Plan de Compensación de Young Living. Estos datos no deben ser considerados como figuras de garantía ó proyecciones de sus ingresos actuales. Su éxito dependerá del empeño, trabajo, esfuerzo, recursos de venta y condiciones del mercado de cada individuo. Young Living no garantiza ningún éxito en ingreso ó rango.

Crea un tablero de tu vision

Una de las formas más poderosas de trabajar con tu "por qué" y con los objetivos y los sueños de tu vida es crear un tablero de tu visión. Busca imágenes de cosas que te apasionen, que deseas en tu vida, una visión de la persona que quieres ser y colócalas en un tablero que veas todos los días.

Recomiendo que utilices alfileres para sujetar las fotos y citas motivacionales para quitar algo tan pronto logres el objetivo o visión y lo reemplaces con algo nuevo. Saca varias fotos del tablero y colócalas en sitios por toda tu casa. Es importante que mires a tus sueños todo el día.

El tablero de mi visión

Diseña tu día

Hay ciertos aspectos que hay que tener en cuenta antes de empezar tu negocio con Young Living: Requiere entre siete y diez horas de dedicación semanal de dos a cinco años para conseguir un ingreso anual de seis cifras con Young Living. Puede que tengas que trabajar más o menos tiempo pero diez horas es un promedio.

¿Cómo empleas tu tiempo actualmente? La gestión del tiempo es una herramienta esencial para el negocio y una disciplina imprescindible a desarrollar. Si ya usas una agenda - ¡enhorabuena eres uno en la minoría! Llevar un horario es un arte perdido en la sociedad de hoy en día. La mayor parte de la gente hace listados en vez de planificar intencionalmente el tiempo del que dispone.

Lo que necesitas en una agenda. ¿Por qué? Porque en el marketing relacional, ¡tu agenda es tu jefe!

Hasta hace unos años podrías llegar a decir que yo era una persona despreocupada e impulsiva. La simple mención de organizar mi horario hacía que se me saltara el corazón. (Seguro que algunos de ustedes conocen muy bien esa sensación.)

Cuando por fin te comprometas y decidas organizar racionalmente tu horario y planificar bien tu tiempo, te darás cuenta de la libertad que ello te proporciona. Vas a aprender a concentrarte y a estar donde tienes que estar en cada uno de los momentos.

De hecho vas a ser capaz de liberarte de las ataduras de correos electrónicos y móviles mientras aprovechas estás descansando o disfrutando del tiempo con tu familia, ya que ahora eliges conscientemente honrar y apreciar tu tiempo libre.

¡Tu agenda es tu jefe!

6:00	VESTIRSE	2:00	TRABAJO CON CLIENTES	10:00	SUEÑO
6:15	DESAYUNAR	2:15		10:15	
6:30	LEER Y REZAR	2:30		10:30	
6:45		2:45		10:45	
7:00	TRABAJO CON CLIENTES	3:00	DESCANSO	11:00	
7:15		3:15		11:15	
7:30		3:30	FACEBOOK/ CORREOS	11:30	
7:45		3:45		11:45	
8:00		4:00	ESTUDIO Y DESARROLLO PERSONAL Y DE NEGOCIO	12:00	
8:15		4:15		12:15	
8:30		4:30		12:30	
8:45		4:45		12:45	
9:00		5:00	EJERCICIO	1:00	
9:15		5:15		1:15	
9:30	DESCANSO	5:30		1:30	
9:45		5:45		1:45	
10:00	TRABAJO CON CLIENTES	6:00	LLAMADAS PERSONALES	2:00	
10:15		6:15		2:15	
10:30		6:30	TIEMPO PARA RELAJARSE	2:30	
10:45		6:45		2:45	
11:00		7:00	PREPARAR LA CENAY TIEMPO CON FAMILIA	3:00	
11:15		7:15		3:15	
11:30		7:30		3:30	
1:45		7:45		3:45	
noon	COMER	8:00		4:00	
12:15		8:15		4:15	
12:30		8:30	TIEMPO PERSONAL	4:30	
12:45		8:45		4:45	
1:00	ESCRIBIR BLOG	9:00		5:00	
1:15		9:15		5:15	
1:30	TRABAJO CON CLIENTES	9:30	BAÑO/DUCHA Y CAMA	5:30	
1:45		9:45		5:45	

¿Cómo encontrar tiempo para todo?

Aquí está tu primera tarea. Invierte en una agenda de calidad o elige una aplicación de planificación del tiempo para el móvil y sigue los siguientes pasos:

1. Programa tus responsabilidades actuales. Para muchas personas eso implica trabajar. Algunos de ustedes pueden estar empleados y esas horas de trabajo tienen prioridad.
2. Lo siguiente es escribir todas las actividades que haces con tu familia, ya sean deportivas con tus hijos o un pasatiempo que compartes con tu cónyuge. Asegúrate de incluir alguna actividad semanal relacionada con tu fe religiosa. Programa tiempo para tus amigos, diversión, lectura, incluso tiempo para pensar.
3. Por último, anota las horas que quieres dedicar a tu negocio con Young Living. Lo mejor de tener tu propio negocio es que tú mismo decides cuando quieres programar esas horas. Puedes ser flexible con tu horario de trabajo para ajustarlo con el de tu vida personal

Esta flexibilidad, sin embargo, no es un permiso para ser perezoso o inventar excusas. Algunas personas son capaces de trabajar dos horas todos los días y otras trabajan cinco horas los miércoles y los sábados. Sean las que sean tus horas dedicadas a Young Living, intenta mantenerlas lo más constantes posible.

Una vez planificadas tus horas, informa tus horas dedicadas al negocio a tu línea ascendente (*upline*), tu equipo y tu familia. Pide su apoyo. Hay mucho poder en declarar tus intenciones de querer crear un negocio exitoso y comprometerte a hacer lo que sea necesario para conseguirlo.

Qué hacer en tus horas de trabajo

Un error muy común de los distribuidores nuevos es ocupar el tiempo en tareas equivocadas. Puedes evitarlo dividiendo tus horas de trabajo dedicadas a Young Living con la fórmula 80/20:

Ochenta por ciento de tu tiempo dedicado al negocio debe utilizarse interactuando directamente con tus clientes actuales, consiguiendo clientes nuevos y entrenando compañeros de tu equipo para hacer lo mismo que tú. Estas son las actividades que te generan ingresos.

El veinte por ciento restante de las horas, las puedes dedicar para hacer el trabajo de oficina necesario para el funcionamiento de tu negocio. Eso incluye contestar a los mensajes, organizar y actualizar los correos electrónicos, diseñar tarjetas de visita y otras tareas imprescindibles que necesita tu negocio. Para empezar, ten en cuenta los siguientes consejos:

- No hace falta que tengas tu propio logotipo para empezar tu negocio.
- Es importante estar presente en las redes sociales y en la web, sin embargo, no hace falta que gastes tiempo ni dinero en diseñar tu propia página web teniendo numerosos sistemas disponibles entre los que elegir.
- No hace falta poner nombre a tu empresa para empezar a ganar dinero.

Cómo crear abundancia con Young Living

Para maximizar tus ganancias con Young Living es importante que empieces con decisión y aprendas desde el principio los términos que usamos todos los días en nuestro negocio. ¡Manos a la obra!

Los términos que usamos todos los días

Reclutador—Es la persona responsable de inscribir un nuevo miembro en Young Living. Ya que esta persona ha trabajado para conseguir el nuevo miembro, recibe dos tipos de bonificación: *Premium Starter Kit* y *Fast Start*.

Patrocinador—El patrocinador es la persona debajo de la cual ponemos a la nueva persona inscrita. Puedes elegir ser el patrocinador del nuevo miembro tú mismo o elegir estratégicamente donde ubicar a esa persona para recibir el máximo beneficio y ayudar a construir la pierna de uno de tus asociados.

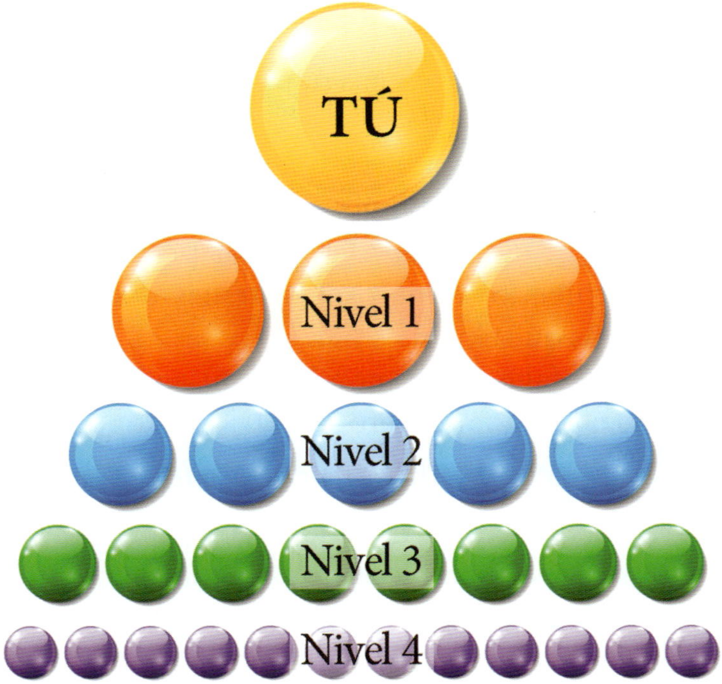

Nivel—Toda persona que patrocines directamente se considera como que está en tu primer nivel. Todos los nuevos distribuidores patrocinados por alguien de tu primer nivel, están en tu segundo nivel.

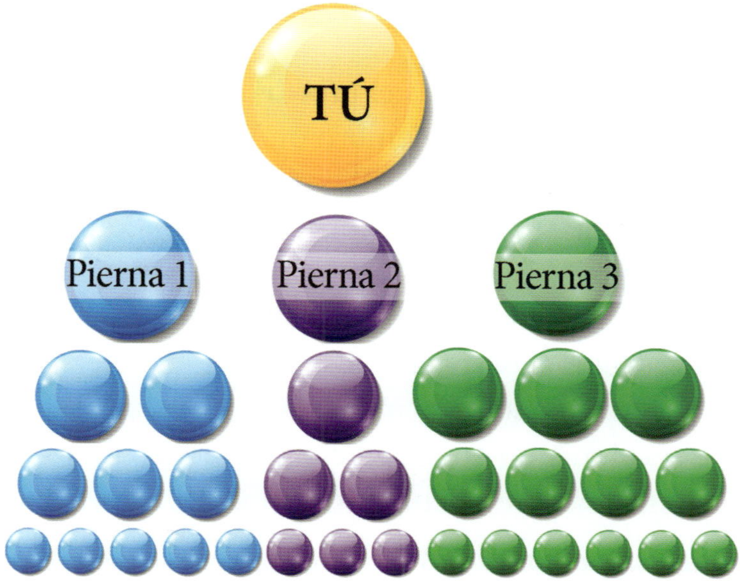

Pierna—El número de personas que patrocinas personalmente determinará la cantidad de piernas que tienes. Cuando alguien a quien patrocinas empieza a patrocinar nuevos distribuidores, se convierte en una pierna. Recuerda que para maximizar el plan de compensación de Young Living necesitas solo seis piernas, aunque conviene desarrollar algunas más.

Términos relacionados con precio y volumen

Hay tres números importantes para cada producto:

1. Precio minorista
2. Precio mayorista, es el precio que pagas por los productos como miembro de Young Living
3. Volumen Personal o PV - un valor que Young Living asigna a cada producto, generalmente es equivalente al valor del precio mayorista. Para algunos de los aceites esenciales más excepcionales, productos de higiene personal o herramientas de marketing, el valor PV no será el mismo que el precio mayorista. Todas las comisiones se calculan sobre los valores PV.

Volumen personal (PV) - Es la suma total del PV de tu pedido personal de productos.

Volumen organizaciónal – (OGV) - Es la suma de todos los PV de tu organización incluyendo tu propio PV.

Volumen personal de grupo (PGV) - El Volumen personal de grupo no se tiene en cuenta hasta que llegas al rango *Plata*. Sin embargo, es buena idea saberlo de antemano. PGV es el volumen de tu PV y el volumen de las personas debajo tuyo, EXCLUYENDO el rango *Plata* o mayor y su volumen.

También se EXCLUYE el volumen de las piernas.

que te cualificaron para el rango *Plata* y superior.

Entre los rangos *Plata* hasta *Diamante de Corona Real*, tu PGV mensual será $1.000

La parte más divertida: Cobrar

Es importante saber cómo te paga Young Living; de hecho la empresa tiene siete formas diferentes de pagar. A continuación nos centraremos en las primeras cinco formas, que son las más importantes al comenzar el negocio:

1. Bonificación por un kit *Premium Starter*

Cada vez que inscribes a un nuevo miembro y éste compre un kit *Premium Starter* recibes una bonificación de $25. Esta bonificación es un simple "gracias" de parte de Young Living por promover sus aceites esenciales.

2. Bonificación *Fast Start*

Young Living te da el 25% del valor del PV de cada uno de los nuevos miembros en sus primeros tres meses. Cada vez que uno de esos miembros inscribe a una persona nueva, tú recibes el 10% de su PV durante los primeros tres meses desde el momento de la inscripción.

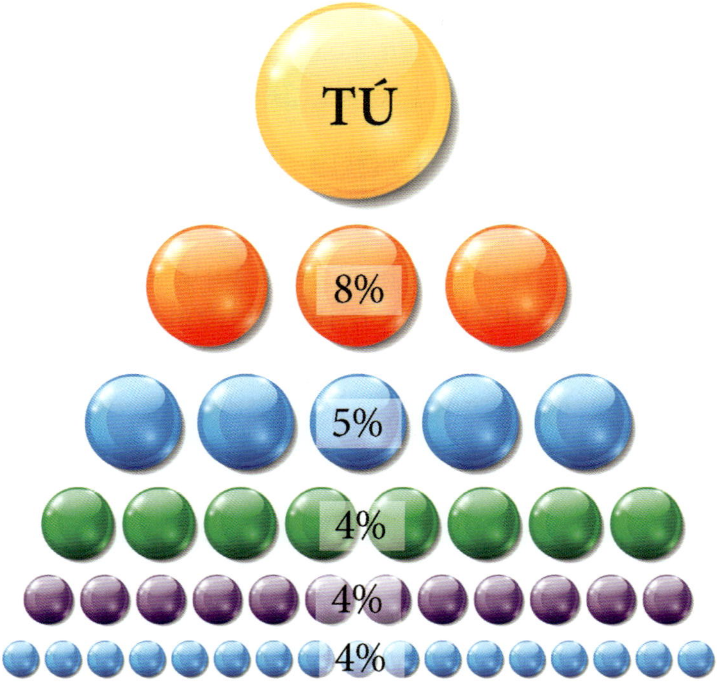

3. Ganancias Uninivel

Aquí es donde entra en juego el factor "ingreso residual" de Young Living que te paga el 8% del PV en tu primer nivel, el 5% del PV en tu segundo nivel y el 4% del PV en los siguientes tres niveles al comenzar tu negocio.

A partir de este punto las cosas se ponen mejor. Examina esta tabla y ve el ingreso potencial del ingreso residual de Young Living. Nota: Debes cualificar como *Executive* o un rango mayor para que se te pague en los cinco niveles.

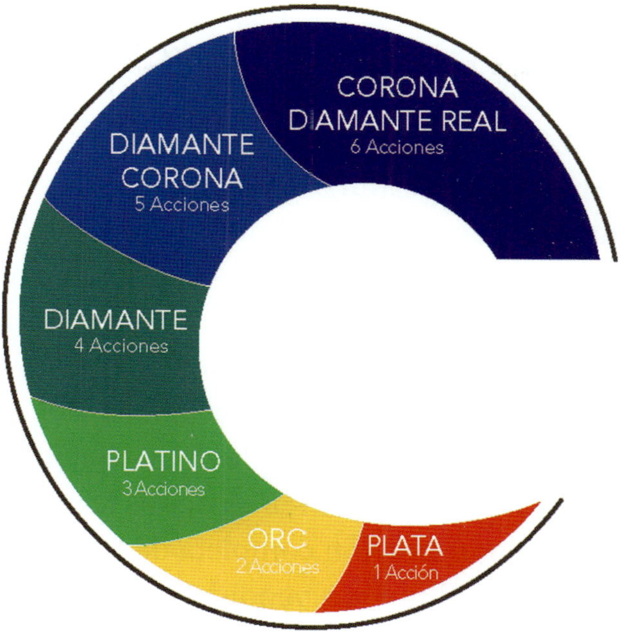

4. Acciones

Las acciones son, lo que a mí me gusta llamar, "dinero gratis". Es una bonificación que te pagará Young Living que no requiere trabajo adicional de tu parte. Young Living toma un porcentaje del 100% del volumen comisionable de la empresa y lo divide entre los distribuidores que han ganado acciones.

5. Bonificación de Equipo *Rising Star*

Esta bonificación es un ejemplo de cómo ganar acciones construyendo una base sólida para tu negocio. Ganas acciones estructurando tu empresa de forma que te permita optimizar tu éxito.

Cuando maximizas la bonificación de Equipo *Rising Star*, puedes ganar hasta seis acciones y tendrás una estructura firme que te permitirá avanzar rápidamente de rangos de liderazgo.

Las comisiones de las acciones se pagan mensualmente. La cantidad de dinero puede variar de un mes al otro pero, en general, cuando estás ganando la bonificación completa de Equipo *Rising Star* es como si hubieras vendido seis kits *Premium Starter*, ¡sin ningún esfuerzo adicional!

Ganar la primera acción debe de ser tu primera meta en este negocio. La estructura de las comisiones de Young Living está basada en el número de personas en tu organización y en su volumen. Esto crea un modelo de negocios brillante que te coloca en el camino hacia el éxito. Es posible que ya conozcas a tus primeros tres asociados con los que deseas trabajar o puede que estés esperando conocerlos a medida que crece tu negocio. Ahora es el momento de empezar a construir tu negocio correctamente.

Bono por equipo de estrella naciente

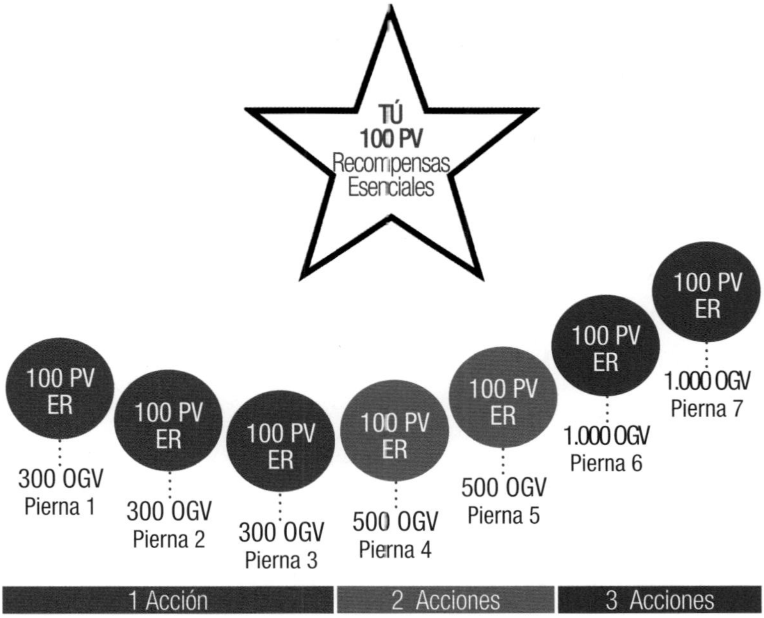

Únicamente las Estrellas, Estrellas Mayores y Ejecutivos son elegibles para ganar acciones basadas en el 1% de todas las ventas mensuales comisionables de Young Living. El monto pagado al distribuidor se determina por el número de acciones que él o ella gane. Condiciones

1. Recibir pago como Estrella, Estrella Mayor o Ejecutivo.
2. Tener un pedido mínimo de 100 PV en el programa de Recompensas Esenciales.
3. Construir 3 piernas de por lo menos 300 OGV cada una, para calificar por una acción. Adicionar 2 piernas de por lo menos 500 OGV cada una, para recibir dos acciones más. Construir 2 piernas de por lo menos 1.000 OGV cada una para ganar tres acciones más.

MAXIMIZE SUS GANANCIAS con los pagos adicionales que incluyen: las ganancias de las ventas al por menor, el Bono de Inicio Rápido y el Bono Vida Nueva.

Tu primer objetivo de negocios

Para edificar un cimiento fuerte y estable para tu negocio, necesitarás tres asociados. Cada uno de ellos debe estar en el programa de Recompensas Esenciales (ER) y generar por lo menos 300 OGV todos los meses. Esta actividad te brindará una acción al mes. Verás el resultado cuando tú y los tres asociados piden 100 PV cada uno por medio del programa de Recompensas Esenciales y cada uno tiene 300 OGV en total en su pierna.

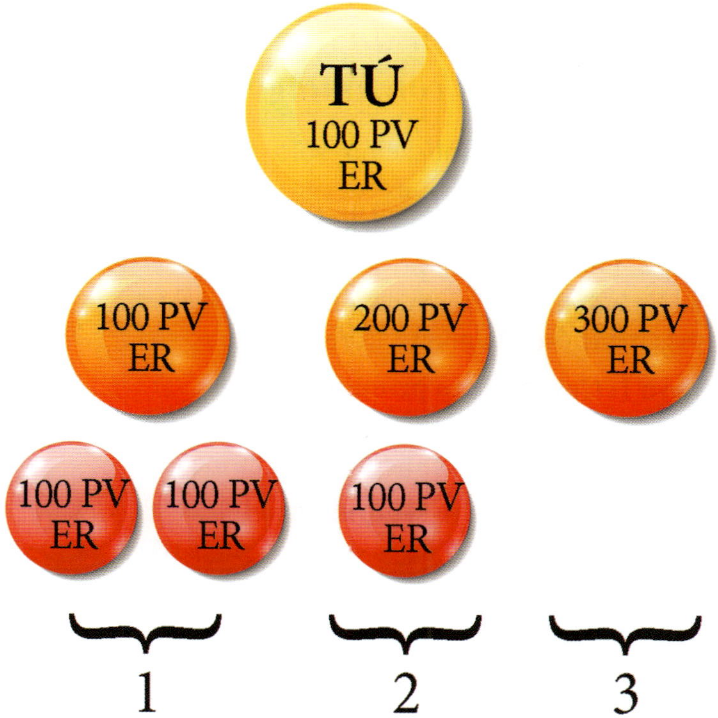

Este es un ejemplo de tres formas de maximizar tus acciones cada mes.

1. Un asociado hace su pedido por un valor de 100 PV con ER (Recompensas Esenciales) e inscribe a dos nuevos miembros que también compran 100 PV cada uno. 100 PV + 100 PV + 100 PV =300 OGV

2. Un asociado compra 200 PV con ER y tiene un cliente que hace un pedido de 100 PV. 200 PV + 100 PV = 300 OGV

3. Una persona hace un pedido de 300 PV con ER 300 PV = 300 OGV

Cómo crear un ingreso de seis cifras con Young Living

La siguiente explicación sólo tiene en cuenta las ganancias "uninivel", es decir, el dinero que ganas por tu volumen y NO incluye tus bonificaciones *Fast Start*, *Enroller* o Equipo *Rising Star*. Esta estructura es además la más correcta para llegar al nivel más alto de la organización–Diamante Corona Real.

Paso 1: Construir tu primer nivel
6 personas con 100 PV = 600 X 8% = $48/mes*
(o cantidad correspondiente en tu moneda)

Paso 2: Construir tu segundo nivel
36 personas con 100 PV = 3600 x 5% = $180/mes*
A eso le sumamos los $48 del primer nivel = $228/mes*

Paso 3: Construir tu tercer nivel
216 personas con 100 PV = 21.600 x 4% = $864/mes*
A eso le sumamos $228 de niveles 1 y 2 = $1.092/mes*

Paso 4: Construir tu cuarto nivel
1.296 personas con 100 PV = 129.600 x 4% = $5.184/mes*
A eso le sumamos $1.092 de niveles 1-3 = $6.276/mes*

Paso 5: Construir tu quinto nivel
7.776 personas con 100 PV = 777.600 x 4% = $31.104/mes*
A eso le sumamos $6.276 de niveles 1-4 = $37.380/mes*

Esto significa $448.560 al año*

DESCARGO DE RESPONSABILIDAD:
No se garantizan estas ganancias dado que se basan en la venta del producto, no en solo en la inscripción de miembros.

$100 de productos que dan vida

Estoy convencida que el marketing relacional se va a convertir en una de las soluciones más importantes para los desafíos económicos actuales de hoy en día.

Con un sistema tan sencillo como el de Young Living, cuando cada persona hace un pedido de $100 de sus productos preferidos hará que puedas lograr y disfrutar de ganancias de seis o siete cifras anuales.

No logro entender por qué todo el mundo no tiene ya su red de marketing relacional. En mi opinión, este el modelo de negocios más brillante del mundo, hoy en día.

Teri Secrest

¡Empecemos el marketing! ¡Pronto, listo, ya!

Como el director general de tu negocio Young Living, eres el dueño de tu propia empresa de marketing y Young Living es tu cliente.

¡Tú eres el director de marketing!

Es la actividad más importante que vas a desarrollar en tu negocio. Mi objetivo es hacer que te ENAMORES del marketing.

De la misma forma que un edificio no puede sostenerse con solo una o dos columnas, tampoco puedes basar tu negocio únicamente en una o dos actividades de marketing. Si verdaderamente quieres que tu proyecto tenga un gran éxito, tienes que crear una estrategia amplia de marketing y siempre tener una reserva de asociados potenciales.

Los ocho pilares del marketing

1. Clases y referencias

Las reuniones sobre los aceites esenciales son el corazón de nuestro negocio. ¿Por qué? Porque cuando alguien prueba los aceites suele sentir, por lo menos, uno de los tres efectos rápidamente. Los aceites pueden tener un efecto físico, emocional o espiritual.

¡La verdad es que los aceites se venden solos! Nuestro trabajo se reduce simplemente a presentarlos. ¿Por qué no tener una actividad de inauguración de tu negocio?

¡Prepara una actividad de inauguración!

La actividad de inauguración empieza con una carta a tu "mercado cálido". El "mercado cálido" consiste de tus amigos, familiares y las personas con las que tienes más relación y confianza. Son personas que escucharán tus recomendaciones porque te conocen y saben cómo eres. Si alguna vez les has recomendado un restaurante o una buena película, considéralos como parte de tu "mercado cálido".

Crea un listado con contactos de tu "mercado cálido"

Crea un listado de todos los que en tu opinión forman parte de tu "mercado cálido". Usa el Refrescador de la memoria del apéndice para completar tus ideas. Cada vez que conozcas a alguien que tú crees podría beneficiarse de la información que puedes proporcionarle sobre los aceites esenciales, añade ese nombre a la lista. Verás como el listado crece y cambia constantemente mientras desarrollas nuevas relaciones.

Crea un listado de invitados

Elige a los amigos más cercanos y miembros de tu familia y mándales una carta de invitación para tu actividad de inauguración.

Ejemplo de invitación a la inauguración

Estimado [nombre del amigo],

¡Espero que estés genial! Esta carta viene llena de buenas y saludables noticias para ti y tu familia. Ya sabes que llevo usando los estupendos productos de Young Living desde hace tiempo y ¡me encuentro mejor que nunca de salud!

Si buscas información sobre cómo mejorar tu salud, me gustaría invitarte a una actividad muy emocionante en mi casa, donde podrás probar mis productos y además aprenderás sobre una fascinante oportunidad de asociaciones de negocios.

Ven el [fecha] a las [hora]
Vamos a reunirnos en [dirección]
Debes confirmar tu asistencia ya que el espacio es limitado. Por favor, llámame o mándame un correo electrónico para reservar tu sitio.

Si por alguna razón no puedes venir a esta experiencia emocionante, por favor envíame un correo electrónico o me llamas por teléfono para hablar contigo También puedes visitar mi página web [dirección de tu página] para información adicional sobre un estilo de vida saludable.

Un cordial saludo,
[tu nombre]
[tu página web]
[tu correo electrónico]
[tu número de teléfono]

P.D. Ya que mi negocio se está expandiendo rápidamente, si conoces a personas interesadas en una gran oportunidad de trabajar desde su casa, me encantaría hablar con ellas.

Confirma la asistencia

Un día antes de la actividad, llama a todos los que respondieron a tu invitación y confirma su asistencia. Déjales saber que te hace mucha ilusión verles.

Preparación para impartir tu clase

Vas a impartir una clase usando los materiales que vienen en tu kit *Premium Starter*, así que no hace falta que seas un experto; de hecho es mucho mejor para los emprendedores potenciales que no lo seas.

Revisa los pasos de 1 al 6 de la guía sobre cómo impartir una clase. Léelos varias veces mientras examinas el kit *Premium Starter* para encontrar fácilmente e identificar todos los materiales y documentación que vas a compartir con tus invitados.

Examina la primera sección de la Guía de Productos para localizar las páginas con la siguiente información: historia de la empresa, nuestras granjas, el proceso "De la semilla al envase" (*Seed to Seal® process*), ¿Qué es un aceite esencial? (*What is an Essential Oil?*), y Tres maneras de usar los aceites esenciales (*Three Ways to Use Essential Oils*). Marca las páginas dado que es una información que vas a compartir con tus invitados.

En tu kit también encontrarás un folleto en el que

están descritos todos los productos de la colección de aceites esenciales. Lee la información sobre cada uno de los aceites abriéndolos, oliéndolos y sentir la impresión que te causan. Toma nota de cuáles son los aceites que forman parte del kit *Essential Oil Collection* y cuál es el aceite adicional.

Saborea los aceites dietéticos, siente los de uso tópico e inhala los aromáticos. Anota cuáles son los que más te gustan.

La práctica hace al maestro

Empezando con el primer paso de la página 80, alza la Guía de Productos frente al espejo y practica la clase entera para ti mismo. Sigue todos los pasos hasta que hayas practicado la clase entera desde el principio al fin. Hazlo por lo menos una vez antes de tu primera clase; decir las palabras en voz alta es muy importante.

La práctica te hará sentir mucho más cómodo y eso creará un ambiente acogedor haciendo que tus invitados se sientan bien recibidos.

Llama a tu patrocinador de la línea ascendente (*upline*) y practica tu clase con él o ella.

El siguiente plan es estupendo para una clase de seis a ocho personas. Sin embargo con algunos pequeños cambios puedes compartir la misma información con grupos más grandes o con una sola persona.

Preparar materiales para la clase

Aquí está el listado de los materiales y de las muestras que recomiendo usar durante la clase.

1. El kit *Premium Starter* de aceite esencial
2. Una Guía de Productos para cada invitado. Siempre sujeta con grapa tu tarjeta de visita o una hoja con tu información en la Guía de Productos. La gente la comparte un promedio de cuatro veces.
3. Tarjetas de visita u etiquetas con tu información impresa. Tus invitados deben llevarse esa información a sus casas.
4. Hojas de pedido impresas de tu oficina virtual y/o computadora o tableta para recibir los pedidos.
5. *Ningxia Red* en hielo y /o barritas *Slique*® u otros productos que puedas compartir fácilmente. (opcional)
6. Jabón de manos *Thieves*®, loción para el cuerpo de Young Living o cualquier otro producto que te gustaría compartir. (opcional)

Preparar el cuarto

El secreto para que una clase tenga mucho éxito es hacer que cada uno de los invitados tenga una experiencia positiva con los aceites esenciales. Empieza la experiencia activando el difusor usando *Thieves* o *Stress Away*® que son aceites que agradan

a la mayoría de la gente.

Prepara una jarra de cristal con agua y vasos para tus invitados. Coloca las botellas de *Citrus Fresh*™ y aceite esencial de limón junto a la jarra y ayuda a tus invitados poner una o dos gotas en sus vasos de agua. Mientras entran al cuarto puedes hablar acerca de cómo apoyar una digestión sana y otros sistemas corporales.

Coloca uno de los jabones de manos de Young Living en tu cuarto de baño para que los invitados puedan probarlos. Además, yo he colocado una pequeña bandeja con aceites para brindar una experiencia adicional a mis invitados.

En cuanto a la comida, menos es más. Si vas a servir un pequeño aperitivo, asegúrate que sea algo salado como nueces. No sirvas dulces, postres o comidas difíciles de servir.

Impartir tu clase

Paso 1: La apertura

Empieza la clase leyendo las siguientes secciones de la Guía de Productos. Estos hechos son los que diferencian a Young Living de otras marcas de aceites esenciales.

- Nuestra empresa y su historia
- Nuestras granjas alrededor del mundo
- Nuestro proceso de la semilla al envase
- ¿Qué es un aceite esencial?
- Tres maneras de usar los aceites esenciales

Si alguna vez has visitado las granjas de Young Living o has asistido a alguna actividad oficial de la empresa, ahora es el momento de compartir tu experiencia

Paso 2: Presenta los aceites

Después de la introducción debemos dejar que tus invitados tengan la experiencia con los aceites esenciales de Young Living. Abre tu kit *Premium Starter* y saca las botellas. Usa como referencia la información incluida en el kit y lee directamente de allí. Habla sobre cada aceite mientras lo vas pasando a tus invitados en el cuarto.

Invita a los participantes a examinar toda la Guía de Productos y observen los magníficos productos que ofrece Young Living para tener un estilo saludable de vida. La línea de productos va mucho

más allá de los aceites esenciales; tiene suplementos nutritivos infusionados con aceites esenciales, productos de belleza y de cuidado personal, productos ecológicos de limpieza y mucho más. Haz un breve resumen para tus invitados sobre los productos Young Living y responde todas sus preguntas.

Recuerda que no estamos en el negocio de vender kits de inicio del negocio sino presentar a nuestros invitados un estilo de vida saludable que incluya todos los aspectos de Young Living.

Mientras la gente está examinando la Guía de Productos puedes pasar a tus invitados un vaso de *Ningxia Red* enfriado y las barritas *Slique*. Abre la Guía de Productos y encuentra las páginas de *Ningxia Red* y *Slique* y lee sobre estos dos productos en esas páginas.

Entiende el poder de las Recompensas Esenciales

24%

Descuento para miembros mayoristas

+

Puntos de *Recompensas Esenciales*

10%	15%	20%
1 a 6 meses	7 a 12 meses	Mes 13 de por vida

= Descuento total!

44%

Paso 3: Habla sobre el kit *Premium Starter*

Enseña el kit a tus invitados y diles que incluye; los once aceites esenciales de la colección y un difusor gratis. Enseña los frascos de muestra, las tarjetas y otras muestras que recibirán. Explícales que el kit incluye la inscripción como mayorista que les permite recibir 24% de descuento del precio al por menor, además de tu apoyo durante su viaje hacia la salud y el bienestar.

Puedes hacerles beneficiarios de alguna oferta de plazo limitado. Esto es lo que reciben tus invitados por comprar el kit de inicio en la noche de la clase. Piensa en tu presupuesto y en tu personalidad para decidir qué regalo sería el mejor para los que compran el kit.

Paso 4: Habla sobre las *Recompensas Esenciales*

Designa un momento para hablar sobre ahorrar dinero y ganar productos gratuitos inscribiéndose en el programa de Recompensas Esenciales. ¡Se te recompensará por comprometerte a tener mejor salud! ¡Con cada pedido mensual automático ahorras en gastos de envío y acumulas puntos para canjear por productos gratuitos! Además, cuanto más tiempo estás inscrito en el programa Recompensas Esenciales más puntos ganarás.

- Del mes uno al mes seis recibes 10% de tu pedido de PV con Recompensas Esenciales, en puntos.

- Del mes siete al doce recibes 15% de tu pedido de PV con Recompensas Esenciales, en puntos.
- A partir del mes trece recibes 20% de tu pedido de PV con Recompensas Esenciales, en puntos, con la condición que permanezcas siendo un miembro de Young Living. Junto con el descuento como mayorista recibes 44% de descuento total. Fíjate en el gráfico Entender el poder de las Recompensas Esenciales.

Paso 5: Haz crecer a tu negocio

Recomiendo que dediques unos minutos para hablar sobre el tema del negocio. Puedes decir algo como: "Además, quiero que sepan que Young Living ofrece una oportunidad estupenda de negocio.

Les pido que me comuniquen si alguien está interesado en saber más sobre nuestro negocio o si le gustaría organizar una clase. Si conocen a alguien que se pudiera beneficiar de lo que ustedes han aprendido esta noche, estaría encantada de dar una clase para ustedes y sus amigos. Para más información sobre esto podemos hablar después de la clase".

Considera ofrecer un pequeño premio para la primera persona que reserva una clase.

Paso 6: El cierre

Al final de la clase di a tus invitados que estás dispuesto a tramitar sus pedidos y ayudarles a empezar. Mientras recabas información puedes preguntarles si están interesados en los aceites, en la oportunidad de negocio o ambos. Es una de las formas de averiguar quién podría estar interesado en el negocio.

Referencias: Encuentra un momento tranquilo durante tu clase para preguntar si conocen a gente que pudiera estar interesada. Te sorprenderá lo dispuestos que están de ayudarte. Si algunas personas se tienen que ir, despídete de ellas e invita a las demás a quedarse un rato más para hacer preguntas y conocerse mejor.

Paso 7: Repasa y reflexiona

Después de tu clase es importante que reflexiones un poco sobre ella. Pregúntate:

1. ¿Cuántas personas fueron invitadas y cuántas asistieron realmente?
2. ¿Cuántos invitados compraron los kits de inicio?
3. Escribe tres aspectos que te gustaron sobre la actividad.
4. Escribe tres aspectos que puedes mejorar.
5. ¿Hay algo que te gustaría añadir para la próxima clase?
6. ¿Qué necesitas imprimir o comprar para tu próxima clase?
7. ¿Hay algo más que te gustaría aprender antes de tu próxima clase?

Reflexionar es una parte muy importante para el desarrollo y el aprendizaje. Apunta todas las ideas que tengas inmediatamente después de tu clase. Así podrás mejorar un poco cada vez que organices una actividad similar.

2. Tu oficina ambulante

Tienes que estar listo para hacer negocios en cualquier momento y lugar. Tu oficina ambulante puede ser tan sencilla como un estuche para aceites esenciales, a la derecha - añadiendo tus tarjetas de visita, un bolígrafo y un pequeño cuaderno; o algo más completo como un bolso, a la izquierda. En el bolso puedes incluir lo siguiente:

1. Colección de aceites *Premium Starter* - deja el difusor en el automóvil por si lo necesitas más tarde.
2. Portapapeles con los formularios para los pedidos.
3. Por lo menos tres Guías de Productos con tu tarjeta de visita sujeta con grapa en la portada.
4. Tarjetas postales de invitación con información sobre tu próxima clase introductoria.
5. Agenda para anotar las citas.
6. Varios libros buenos sobre negocios para repartir.

Lleva tu oficina ambulante dondequiera que vayas. Cuando te encuentres en una conversación interesante con alguien que desea obtener más información sobre los aceites esenciales u otros productos para la salud, estarás preparado para brindarles la información que necesiten. Además tu oficina ambulante te hará más centrado y tener siempre presente el tema de tu negocio.

¡Tu mercado frío se está calentando!

Las siguientes seis actividades de marketing te van a guiar en un mercado frío. Sobre todo van a atraer a gente que no conozcas ni tengas relación con ella.

Un error muy común que comete mucha gente con el mercado frío es tratar de abarcar un sector muy amplio. Tendrás más éxito si enfocas tu marketing hacia un grupo en particular, llamado "mercado nicho" o mercado específico. La elección más fácil para ti sería un mercado con el que puedas conectarte naturalmente. Generalmente, esto sería conectar con gente entre diez años menores hasta diez años mayores que tú, pero con características parecidas a las tuyas, como el mismo estado civil o estar en la misma etapa en la vida. Por supuesto puedes salir de tu mercado natural e intentar conectar con otros, pero puede requerir algo de investigación. Yo recomiendo empezar enfocándote en tu mercado natural y trabajar con él.

Pregúntate: "¿De qué forma podría alguien contactarme?" y haz un listado con las respuestas. Elige temas relacionados con el negocio para llegar a otro público.

3. Redacción de artículos

Escribir artículos es una forma muy buena de llamar la atención. Si tienes experiencia en un tema, comienza a escribir artículos que pudieran ayudar a la gente. El artículo no tiene que ser sobre los aceites esenciales pero debe educar y añadir valor a la vida de los lectores.

Piensa si conoces a alguien que tenga una publicación relacionada con tus experiencias o intereses. Ve a una tienda de alimentos naturistas o una librería y haz un listado de las revistas y periódicos que de alguna forma conectan tus intereses con tu mercado específico. Revistas y periódicos locales son el mejor sitio para empezar. Realiza una búsqueda en Internet para encontrar blogs y publicaciones en línea. Un blog con muchos seguidores puede ser tan exitoso como una revista nacional.

Ofrece ser un escritor invitado contactando al editor de las publicaciones o enviar un correo electrónico al blog. Muchas editoriales están siempre buscando nuevo material para publicar.

¡Trabaja 80% en tu área fuerte! Si no te apasion a escribir, no te preocupes, hay muchos pilares más

PASSION

Igniting the Entrepreneur in You

by Teri Secrest

Elige temas que estén relacionados con el negocio para llegar a diferentes tipos de audiencias.

LET'S GET WALKING

by Teri Secrest

CAN YOU THINK BACK to the last time you felt really good—I mean *really* good—as in full of energy, positive attitude and ready for the day? I'd like to share a simple secret with you that many well-respected people throughout history have discovered. It can literally elevate the way you feel physically and emotionally beginning today. It is ***walking!***

Our beloved president, Abraham Lincoln, declared that he made some of his most important presidential decisions while walking the hills of Springfield.

Moses and Joshua were walkers, too. "So on that day Moses swore to me, 'The land on which your feet have walked will be your inheritance and that of your children forever, because you have followed the Lord my God wholeheartedly.'" (Joshua 14:9)

God created us to be walkers. Brisk walking is beneficial to every system in your body. It strengthens your cardiovascular system, cleans out your lungs, helps keep your hormones happy and, best of all, while you walk you take in oxygen which makes you feel better emotionally. Modern science has discovered that one of the greatest causes of depression is a lack of oxygen to the brain. By walking, you are proactively supporting your emotions on a daily basis.

As a personal health and wellness coach, one of the saddest things I see on a daily basis is the growing percentage of obesity in our youth population. This is tragic! We can change this. And it starts in our own homes with the choices we make. Even if you were raised in a family where your parents made unhealthy lifestyle choices, you can start a new legacy today. God's design for believers is that we walk in prosperity and health. "Beloved, I pray that you may prosper in all things and be in health, just as your soul prospers." (3 John 1:2)

As a result of daily walking, I feel better today than I did in my 20s, and so can you! God's design for us is not just longevity, but longevity with vitality.

Teri's Walking Tips

Invest in a good pair of walking shoes that give you support.

Talk to your family and friends. See if someone would like to be your *walking buddy*. (Don't let this stop you though. Your walking time can be your praying and creative-thinking time).

Start with a smaller commitment, such as 20 minutes 3 to 4 times per week. As you get stronger, work your way up to 45 minutes a day, 5 to 6 times per week.

Become very aware of *how* you are walking. By pushing off with your ankles as you step, you get more speed and a good rhythm.

Park far away from the store.

Take the stairs instead of the elevator.

Let me know how you're doing. I would love to hear from you as you get walking!

TERI SECREST is a certified wellness coach, health and business author and a highly successful entrepreneur. She has taught about health and kingdom business in the United States, Europe and Asia, and has appeared on over 50 radio and television shows.

Enter Heaven's Garden for a lifetime of vibrant health

7 chapters of healthy tips, delicious, easy-to-do recipes & joy! Order at TeriSecrest.com.

entre los que puedes elegir. Los artículos publicados te ayudarán a llegar a la gente que no llegarías de ninguna otra manera. Además no suponen ningún gasto adicional para ti.

Elige temas que estén relacionados con el negocio para llegar a diferentes tipos de público.

4. Anuncios en la prensa

Revisa otra vez el listado de publicaciones que hiciste mientras buscabas en los artículos editoriales. Puedes comprar un espacio para poner tu anuncio en esas publicaciones. Antes de empezar a considerar un anuncio en la prensa, asegúrate que el público a quien quieres llegar coincide con la inversión económica que harás. Elige únicamente las publicaciones dirigidas a tu mercado específico.

Los espacios publicitarios siempre deben intrigar al lector o despertar su curiosidad. Debajo encontrarás ejemplos de anuncios que hemos publicado. Recomiendo que consideres marketing en la prensa escrita como nivel intermedio a avanzado del esfuerzo de marketing. Funciona muy bien cuando se realiza como publicidad cooperativa, donde cuatro a seis personas invierten en la publicidad y comparten los resultados. El anuncio de una página puede ser caro y es mejor compartir el gasto del mismo.

El poder del pequeño anuncio

No subestimes el poder de unos pequeños anuncios en tu periódico local. Una vez pusimos un anuncio del tamaño de una tarjeta de visita en una revista religiosa local y aunque solo conseguimos una respuesta, se convirtió en una hermosa amistad para siempre. Hoy en día ese contacto tiene el rango de *Platino*. Esto es lo que decía el anuncio: "Llama hoy para descubrir los secretos bíblicos de hace 6.000 años sobre la salud".

Las fotos grandes suelen ser la tendencia moderna.
El anuncio debe intrigar.

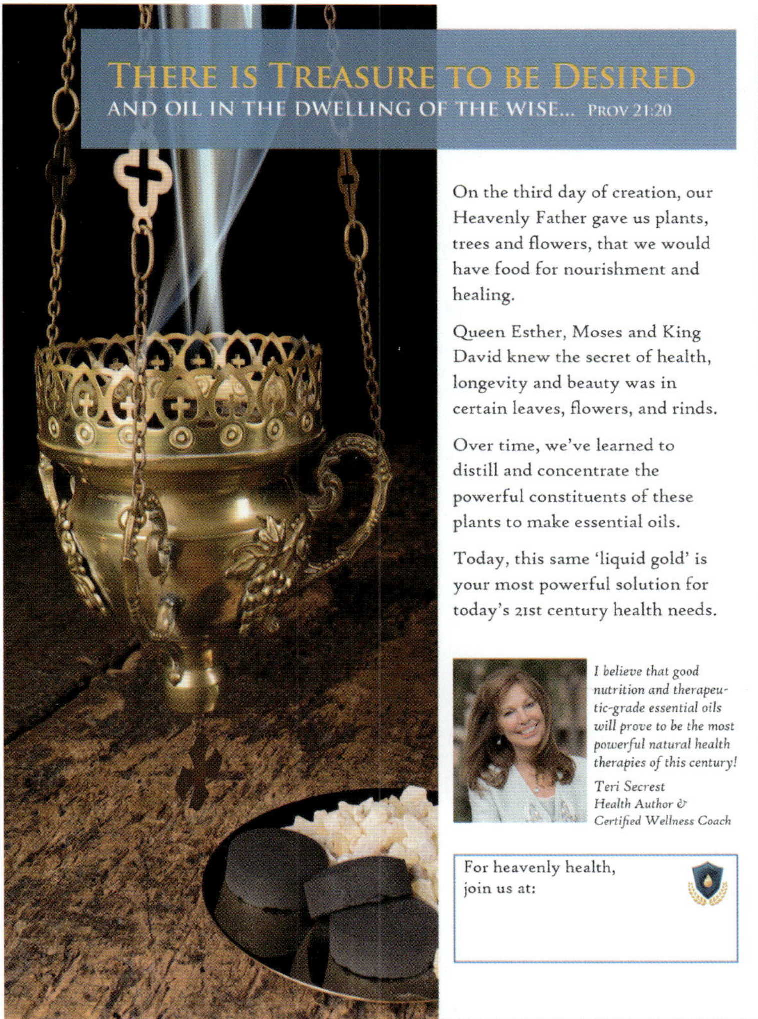

Este anuncio intriga y despierta curiosidad al mismo tiempo.

5. Negocio en Internet

Internet ha expandido la forma de trabajar con el marketing relacional y ha abierto las puertas de negocios a gente y mercados que se habían considerados cerrados. Pueblos pequeños, padres no trabajando fuera del hogar y emprendedores internacionales, todos tienen la puerta al éxito.

Internet es una herramienta maravillosa para llenar tu fuente de clientes potenciales. De la misma forma que con otros tipos de marketing la clave del éxito está en el seguimiento. En cuanto consigas tu primer cliente por Internet, intenta convertir esa relación a nivel personal lo antes posible. Son las relaciones personales las que te conseguirán clientes para toda la vida.

Tu página web del negocio

Una página web es la base para tu negocio por Internet. Es hacia donde dirigirás a tus clientes gracias a tu publicidad en Internet. Hay muchas páginas diseñadas y prácticamente listas para usar para los asociados de Young Living.

Empezar con las redes sociales

¡TÓMATELO CON CALMA! Abre cuentas solo en las redes sociales con las que te sientas más cómodo. Si eres nuevo en las redes sociales, empieza con una sola cuenta y una vez que tenga éxito añade otra. Si ya tienes cuentas abiertas considera agregar una a la vez. La regularidad y constancia con una cuenta en la red social puede traerte mucho más éxito que una actividad esporádica en diez cuentas diferentes. Algunas redes sociales que debes tener en cuenta son: *Facebook*, *Twitter*, *Instagram*, *Pinterest* y *Gmail* (para *Google+* y *YouTube*). Familiarízate con las normas de privacidad de cada una de esas empresas para no infringir las leyes.

La perseverancia es clave

Publicar contenido regularmente en tus páginas es uno de los aspectos más importantes del marketing en las redes sociales. Es mucho mejor publicar algo diferente cada día que publicar siete veces el mismo día.

Cuando publiques algo, asegúrate que sea atractivo y crea algo realmente entretenido y apropiado. A nadie le gusta leer publicaciones que le hace sentir como un objetivo de venta. Sin

Elizabeth, Beverly y yo a menudo intercambiamos ideas y estrategias de marketing

embargo todo el mundo disfruta leer una buena información.

Utiliza la **regla de 70/20/10** para publicar en las redes sociales. Esta proporción se puede aplicar a cualquier tipo de red social.

- **El 70% de lo que publiques debería ser apropiado para captar la atención de tu mercado específico**. La gente con la que más nos comunicamos Beverly y yo en *Facebook* es mayormente mujeres a quienes realmente les gustan las citas motivacionales, videos y artículos que las inspiran y motivan para perseguir sus sueños.

- **El 20% de los artículos debería estar relacionado con tu producto específico**. Podría incluir los gráficos de la oficina virtual Young Living para compartir. Estos artículos deben informar sobre los aceites esenciales, pero no incluyen un llamado a actuar.
- **El 10% de los artículos debería contener un llamado a actuar**. Son artículos en los que puedes preguntar: "Si has estado considerando comprar un kit *Premium Starter* llámame o visita mi página web". Incluye el llamado a actuar. Si estás publicando en tus redes sociales manteniendo la proporción adecuada, tus amigos y familia no dudarán en responder inmediatamente a tu llamado a actuar.
- Asegúrate de planificar la publicación de los artículos para mantener una proporción óptima de lo que publicas en las redes.

Puedes usar tu agenda u otra herramienta de planificación de las redes sociales como *HootSuite* o *Edgar*. Lo bueno de esas herramientas es que puedes planificar con antelación la publicación de los artículos. Gracias a esto no hace falta que pierdas tiempo intentando acordarte de que ibas a publicar y cuando.

Algunas redes sociales, como *Facebook*, ofrecen herramientas de planificación ya integradas en su sistema. Sin embargo un programa gratuito como

HootSuite te permite planificar para más de una red social a la vez y te permitirá organizar con semanas de antelación.

Facebook

Recomiendo que empieces con *Facebook*. La gente que la usa suele leer bastante más que los usuarios de otras redes sociales. Si haces una publicación con un contenido interesante, es muy probable que se difunda bastante rápido entre la comunidad de esa red social.

Mantener tu privacidad en *Facebook*

Si ya tienes una cuenta en *Facebook*, te recomiendo que mires los ajustes de la privacidad. Algunos de ustedes prefiere mantener las fotos e información sobre tu vida familiar separados de tu artículos sobre negocios. Si así fuera, te recomiendo crear un grupo privado llamado "Amigos y familia". Agrega allí todos los contactos con los que te gustaría compartir tus publicaciones personales.

Además si publicas algo personal, puedes cambiar el ajuste de la distribución para esa publicación, para que solo lo vea la gente que está en tu grupo de familia y amigos. Por otro lado, cuando creas publicaciones sobre tu negocio puedes excluir a tus amigos y familia de la misma manera. Así te quitas la preocupación de que los desconocidos vean tu información personal y de que tus familiares

Los mejores días y horas para publicar en *Facebook*

se sientan agobiados por tus publicaciones de negocios.

Frecuencia de las publicaciones

Empieza publicando una vez al día sobre algo relacionado con los aceites esenciales. Ya que a veces al público de *Facebook* no le gusta que alguien esté constantemente publicando sobre lo mismo, limita a una publicación diaria en un grupo de *Facebook*.

Dónde encontrar temas para publicar

No te inquietes acerca de crear tu propio contenido desde el principio. Mira en tu oficina virtual de Young Living, y haz amistad con la gente de tu línea ascendente (*upline*) en *Facebook*.

Además puedes utilizar el buscador de *Facebook* para las palabras "Young Living" Hazte seguidor de los líderes de Young Living. Esto debería dar publicaciones sobre los aceites esenciales que puedes compartir. Cuando leas otras publicaciones y veas lo que dicen empieza a pensar en crear tus propios contenidos.

Crear una página de "fans" en *Facebook*

Muchos emprendedores crean una página de simpatizantes *"fans"* para su negocio. Es muy fácil de hacer, sin embargo tiene sus restricciones. Vas a estar bastante limitado a la hora de contactar con los *"fan"* a quienes les agrada tu negocio. Actualmente no puedes interactuar personalmente con la gente que le gusta tu página de *"fans"*.

Crear un grupo en *Facebook*

Crear un grupo en *Facebook* es mucho más eficaz tanto para tu negocio como para tus relaciones, dado que el marketing relacional se basa principalmente en las relaciones que establezcas con tus clientes. Estas son algunas ventajas:

- El grupo te permite ser "amigo" de la gente que se hace miembros.
- El grupo en *Facebook* posibilita que los miembros hablen e interactúen entre ellos.
- Podrás publicar preguntas y pedir respuestas.
- Permite que publiquen los miembros del grupo.

Tengo varios grupos en *Facebook* en los que publico regularmente. Un grupo es solo para mis asociados, un lugar donde podemos comunicarnos fácilmente unos con otros. Es un sitio perfecto para capacitar a tu equipo.

Al principio no te hará falta ese tipo de grupo pero a medida que tu organización vaya creciendo, es aconsejable crear un grupo de interacción para tu equipo.

Grupos para clientes, es un lugar donde podrán hablar sobre los aceites esenciales, aprender sobre las mezclas nuevas y novedades relacionadas con los aceites.

Grupos temáticos, son también muy buenos para conseguir clientes nuevos. Beverly empezó un grupo para madres.

- En ese grupo, el 70% de sus publicaciones son, mayormente, consejos útiles para las madres, además de diferentes recetas culinarias y sugerencias de limpieza.
- El 20% consiste de información acerca de cómo los aceites esenciales ayudan en el hogar y en la vida. Por ejemplo, "Unas gotas de *Purification* en las zapatillas deportivas malolientas puede mitigar el olor de los jóvenes adolescentes después de hacer deportes".
- Su 10% de contenidos cambia dependiendo de su objetivo de marketing.

"A veces mi objetivo es conseguir que la gente asista a clases o conferencias en Internet. En ese caso digo: 'si alguna vez deseabas conocer acerca de los aceites esenciales y te gustaría saber más, únete

a mi próxima clase virtual en *Facebook*' seguido de instrucciones de cómo registrarse".

A veces digo "visita mi página" o "si tienes preguntas sobre los aceites esenciales, estaré encantada de responderlas. Puedes llamarme directamente".

Clases virtuales

Aun cuando las clases presenciales y demostraciones personales son mejores, las clases virtuales te permiten llegar y comunicarte con gente fuera de tu zona o incluso en todo el país.

Hay diferentes plataformas que puedes usar para las clases virtuales. Examina las clases virtuales en *Facebook* utilizando las páginas de actividades y videos, *Google Hangout*, *Skype* o *Periscope*.

Sigue las mismas reglas de la sección "Cómo impartir una clase" pero en lugar de pasar los aceites para que los prueben, describe cada uno de los aromas. Encontrarás una descripción excelente de cada aroma en la hoja de información de tu kit *Premium Starter* de los aceites esenciales.

Blogging

Blogging aumentará el tráfico en tu página web. Hay algunas páginas web con blogs incluidos. Sin embargo, si decides elegir una que no tenga esa opción, hay muchos blogs gratuitos.

Blogger es una opción sencilla y gratuita pero la personalización es limitada. *Wordpress* empieza gratis pero te puede resultar más difícil de usar. Elijas lo que elijas, el objetivo de tu blog es crear un tema atractivo e interesante para atraer a los lectores a tu página web.

Deberías escribir un nuevo blog una vez a la semana, por lo menos, y publicarlo en todas tus cuentas en las redes sociales. Puedes publicar tu nuevo blog en *Twitter* más de una vez. Elige una temática interesante. A los lectores les atraen artículos que incluyen listados y números, como por ejemplo, "3 formas de apoyar a tu sistema inmunológico".

YouTube

¡Los videos en *YouTube* han cambiado, en forma permanente, la manera de hacer marketing! Piensa en *YouTube* como tu blog de video. Los videos son una herramienta excelente para llegar a nuevos clientes y para grabar información que tus nuevos clientes querrán ver repetidamente. Por ejemplo, hacer un video sobre el kit *Premium Starter* es una idea ESTUPENDA. Puedes mandar ese video a todos tus nuevos miembros y los clientes que ya tengas.

Sugerencias para hacer videos eficaces

- Primero, haz un video de corta duración. El objetivo es que sea menos de tres a cuatro minutos.
- Elige un fondo atractivo.
- Verifica tu apariencia física antes de grabar el video. No hay nada peor que tu perfecto video termine arruinado por un mechón rebelde de pelo o un trozo de tu almuerzo entre los dientes.
- Crea contenido interesante con un título-fascinante, como en el caso de tu blog.
- Asegúrate de incluir tus datos de contacto y un llamado firme a actuar.

Twitter

Twitter es muy veloz. Puedes publicar seis veces el mismo día en *Twitter* y llegar a un tipo de público diferente. Lo importante es tener más de una cuenta que atraiga a la gente a tu página web.

Tienes que ser bastante preciso en cuanto a la comunicación ya que tienes solo 140 caracteres. Es casi como aprender un idioma nuevo.

Lo magnífico de *Twitter* es que lo puedes usar para promocionar tu blog. Puedes publicar un URL directamente y tus lectores podrán leerlo fácilmente. Las fotos también ayudan bastante ya que se destacan en el perfil de *Twitter*.

Piensa en *Twitter* como si fuera tu experto en promociones. Cuando escribas tu nuevo blog, "tuitéalo". Cuando crees un nuevo video, "tuitéalo". Si tienes un nuevo boletín, "tuitéalo". ¿Te has levantado en lado equivocado de la cama y necesitas poner el difusor con aceite *Joy* simplemente para empezar a pensar con claridad, "tuitéalo". La comunidad de *Twitter* es muy informal y le encanta ese tipo de comunicación.

Además, sigue en *Twitter* la norma 70/20/10. Dado que en *Twitter* puedes publicar hasta seis veces al día, podrías hacer el llamado a actuar cada dos días. Sin embargo, en Facebook harías eso aproximadamente una vez cada diez días. Así es como las diferentes redes sociales trabajan juntas para ayudarte a difundir tu mensaje a todo el mundo.

Pinterest

¡*Pinterest* es la MEJOR manera de llegar a las mujeres! Es muy visual. Yo recomiendo pasar un un poco de tiempo en *Pinterest* para ver qué le gusta más a los lectores. *Pinterest* tiene una apariencia y una sensación que es único.

La mejor forma de utilizar esa fuente para tu marketing en Internet es promocionar las publicaciones en tu blog. Asigna una foto intrigante y coloca *(pin)* la foto en uno de tus tableros. A medida que tus seguidores vayan viendo tus *pin*, tu blog irá ganando más visitas.

Los usuarios de *Pinterest* son muy dedicados y afectuosos, si captas su atención una vez, es muy probable que vuelvan a por más. Además, si ellos comparten tus *"pin"*, expondrán a tu blog a un público completamente nuevo. Aquí también puedes seguir la regla de 70/20/10 en *Pinterest*.

Asegúrate de gustar y compartir los *pin* de otros usuarios. Esto permitirá que se conozcan tu nombre de usuario y tu rostro.

6. Trabaja con los clientes que ya tienes

Yo sinceramente creo que cada emprendedor de Young Living puede duplicar el volumen de sus ventas simplemente trabajando con los clientes que ya tiene. Algunas actividades que nos ayudaron a nosotros a mantener la base de clientes a largo

plazo son:

- Boletines mensuales en correo electrónico
- Correos electrónicos breves semanales automáticos
- Concursos periódicos con los clientes
- Tarjetas postales periódicas

Correo directo

Considera seriamente probar campañas de marketing directo, dado que casi nadie está usando el correo tradicional directo.

¡Considera hacer lo que otros no están haciendo! La mayoría de la gente está recibiendo las facturas por correo. ¿No crees que sería agradable recibir una tarjeta de agradecimiento?

Boletines

Considera enviar boletines por correo a clientes que no tengan registrada su dirección de correo

electrónico. Es una forma excelente de seguir educando a tus clientes. Elige un tema interesante o una promoción como centro de atención del boletín. ¡Incluso puede ser una publicación en tu blog! Imprímelo y envíalo a tu cliente por correo tradicional. Envía un boletín una vez al mes.

Tarjetas postales

Las tarjetas postales es lo más económico para enviar por correo tradicional. Young Living diseña tarjetas postales todos los meses, describiendo y promocionando los incentivos del mes. Puedes crear tarjetas sobre un aceite puro u otro tema que te parezca interesante. En una ocasión mandé una tarjeta postal promocionando un producto de $11 a un posible cliente, que me llamó para hacer un pedido de $1.600. Explicó que la postal le recordó que tenía uno de nuestros boletines en el fondo de un cajón. Nosotros solemos usar esta postal para invitar a la gente a nuestras clases introductorias.

Cartas

Manda cartas para recordar a los clientes sobre cambios importantes. Young Living te da la opción de ver esos miembros que están a punto de pasar a inactivos. Mándales una carta para motivarles a hacer un pedido de 50 PV para mantenerse activos. Además, considera enviar cartas a los clientes con los que no puedes contactar por correo electrónico.

7. Exposiciones

Las exposiciones pueden ser tan sencillas como tener una mesa en una feria de agricultores cada semana o más sofisticadas como un quiosco en otras exposiciones, por ejemplo una exposición de salud de la mujer. Investiga un poco, ya que algunas exposiciones pueden ser muy caras. Investiga además sobre una alternativa intermedia de marketing.

La clave es iniciar una conversación con la mayor cantidad de gente posible, ofrecer a que prueben el producto y hacer un seguimiento a esas personas después de la actividad. No traigas una gran cantidad de folletos ya que en este tipo de actividad la mayoría acaba en la basura.

Lista de artículos para una exposición

- Mesa y sillas plegables
- Formularios de pedidos en los portapapeles
- Recolección de las hojas información en el portapapeles
- Tarjetas de visita
- Postales con invitación para la próxima clase o actividad
- Kit *Premium Starter* con difusor
- Mantel
- Cable de extensión
- Cinta adhesiva, cinta para ductos, cinta para enmascarar
- Tijeras

Si tu exposición se va a realizar al aire libre, piensa instalar una carpa para protegerte del sol o la lluvia así como tener piedras para sujetar los papeles.

No te olvides de traer agua y comida para uso personal. Durante la exposición no te quedes sentado detrás de la mesa. Ponte delante de ella e intenta conversar con la gente que pasa cerca. Pregúntales si han tenido alguna experiencia con los aceites esenciales. Pregunta a los que muestran interés, que asistan a una de tus clases introductorias sobre los aceites esenciales. Tu objetivo es conseguir información para comunicarse y organizar reuniones con ellos.

8. Reconocimiento

Reconocimiento es una de las actividades más importantes para agradecer a tu equipo. Demuestra a los miembros tu agradecimiento por su dedicación y compromiso con el negocio. Aquí expongo algunas ideas que recomiendo:

Miembros inscritos personalmente

Cada vez que uno de los miembros inscritos por ti avance un nuevo rango, reconócelos con una publicación en *Facebook*. Publícalo en su pared *(wall)* y en cualquier otra pared de equipos que tengas.

Estrella y Estrella Mayor

Envíales una carta o un correo electrónico felicitándoles por su nuevo rango. Pregúntales qué hicieron para obtener su nuevo rango y guíales para conseguir uno más alto. Te sorprenderá cuántos *Estrella y Estrella Mayor* no están conscientes que su negocio está creciendo. Reconóceles también en *Facebook* que les ayudarán a promocionar su negocio.

Ejecutivo

Piensa en algo que podrías enviarles para ayudarles a seguir construyendo su negocio. Puedes regalarles una aplicación como *Oily Tools*, *Simple Downline* o *Taxbot*, o incluso hacerles unas tarjetas de visita.

Plata y superior

Cuando uno de tus asociados llega al rango *Plata* o superior, probablemente les conozcas bastante bien. Pregúntales qué creen necesitan para seguir avanzando y haz lo que puedas para ayudarles a conseguirlo. A nosotros nos encanta mandar rosas a todos los del rango *Plata* y superiores.

Actividades para emprendedores avanzando rápidamente

Diariamente

Invierte treinta minutos en tu autodesarrollo

Nadie nace siendo un gran líder o un comunicador excepcional; todos tenemos aspectos que podemos mejorar, hacer crecer y educarnos. El desarrollo personal es la clave para perfeccionar tus destrezas de comunicación y de liderazgo que te ayudarán a crecer en tu negocio con Young Living. Elige algunas de las excelentes herramientas de autodesarrollo que más te llamen la atención y dedica unos treinta minutos al día para tu educación.

Nunca dejes de aprender sobre Young Living

Mira un video sobre el plan de compensación o de alguien enseñando una clase; lee las últimas noticias o el blog de Young Living. Haz una cosa cada día para educarte sobre un aspecto de Young Living ya sea un producto, el negocio o una nueva herramienta de negocio

Camina treinta minutos

Si haces ejercicio diariamente, puedes obviar esta sección, pero si no haces actividad física diaria, tienes que salir a caminar temprano por la mañana. Recuerda que puedes utilizar ese tiempo para pensar, planificar o incluso rezar.

Revisa tu negocio

Destina un poco de tiempo cada día para entrar en tu oficina virtual y analizar lo que está pasando en tu negocio. Revisa las piernas de tu negocio y decide si necesitas ponerte en contacto con tus líderes de equipo.

Semanalmente

Blogging

Crear nuevos blogs, por lo menos una vez a la semana, es una forma muy eficaz de llamar la atención a tu página web de aceites esenciales. Dedica un tiempo cada semana para escribir un nuevo blog.

Clases introductorias de los aceites esenciales

Estas clases se pueden impartir una vez a la semana si estás avanzando rápidamente. En cada una de esas clases sobre los aceites vas a invitar a los participantes a asistir a tus clases sobre oportunidades de negocios.

Imparte una clase de oportunidad de negocios

En estas clases explicas el plan que ofrece Young Living para los que están interesados en convertir su pasión por nuestros productos en un negocio de marketing relacional. Ofrecer este tipo de clase una vez a la semana o dos veces al mes puede conllevar muchos beneficios.

Clases de capacitación constante

Tienes que estar constantemente capacitando a tu equipo, clientes y consumidores. La capacitación constante es lo que te da la oportunidad de explorar otros aspectos de Young Living, o escoge un sistema corporal para cada clase. Sigue impartiendo las clases. Es una buena idea impartir esas clases una o dos veces al mes. Así que si estás avanzando rápidamente impartirás, como mínimo, siete clases al mes.

Mantén contacto con tu línea ascendente

A medida que se desarrolla tu carrera y tu equipo se hace más y más grande, estarás en contacto constante con los emprendedores líderes. Van a comunicarse contigo semanalmente para analizar las actividades y desafíos además de hacerte preguntas. Si vives cerca de ellos podrían impartir algunas clases juntos.

Redes sociales

Las redes sociales son una forma muy eficaz de llegar tu mercado frío, introducir los aceites esenciales a tu mercado cálido y seguir en contacto con todos tus clientes existentes y miembros de tu equipo. Planifica de antemano todas tus publicaciones utilizando un programa como *www.HootSuite.com* para no estar pendiente de la hora y estar publicando constantemente.

Mensualmente

Enviar boletines electrónicos

Cada miembro de tu organización debe recibir por lo menos un correo electrónico tuyo al mes. Ese correo es un boletín informativo. Elige un producto nuevo estupendo para promocionar y añade promociones mensuales. Incluye siempre tu información de contacto y una sección sobre el negocio con Young Living.

Notificaciones a cuentas inactivas

La oficina virtual te da la opción de ver cuáles de los miembros están a punto de que sus cuentas

Calendario para emprendedores: Vía rápida

Lunes	Martes	Miércoles	Jueves	Viernes	Sábado	Domingo
	1 Boletín informativo electrónico	2 Carta a los "inactivos"	3 Clase de educación continua	4 Publicación redes sociales	5 Enviar reconocimientos	6
7 Clase introductoria de aceites esenciales	8	9 Escribe nueva entrada a blog	10 Clase de oportunidad de negocio	11 Publicación redes sociales	12	13
14 Clase introductoria de aceites esenciales	15	16 Escribe nueva entrada a blog	17 Clase de educación continua	18 Publicación redes sociales	19	20
21 Clase introductoria de aceites esenciales	22 Llamadas >100<500	23 Escribir nueva entrada al blog Llamadas >100PV	24 Clase de oportunidad de negocio	25 Publicación redes sociales recordatorio de ER	26 Enviar los boletines para que lleguen antes del 1° del mes	27
28 Clase introductoria de aceites esenciales	29	30 Escribe nueva entrada a blog				

pasen a inactivas. Envía un correo electrónico a los que tengan dirección electrónica y una carta a los que no la tengan. Deja saber a los clientes que con un pedido de 50 PV pueden mantener activa su cuenta.

Enviar reconocimientos

Espera hasta el día cinco de cada mes para enviar los reconocimientos por el mes anterior. Es cuando Young Living finaliza los últimos cálculos y asigna los rangos.

Boletín impreso

El boletín impreso es exactamente el mismo que mandas por correo electrónico. Haz una búsqueda con tu oficina virtual para averiguar cuáles son los miembros sin dirección electrónica registrada. Envía por correo tradicional un boletín impreso a los miembros que que no tengan ninguna dirección de correo electrónico asignada a su perfil. Así te asegurarás de que todos los miembros puedan continuar con su educación sobre los aceites y el desarrollo de la compañía, estén conectados a Internet o no. Incluye una pequeña nota dentro del boletín pidiendo que escojan una opción ecológica (verde) y registra sus direcciones electrónicas

Asegúrate que tus emprendedores reciban sus comisiones

Tu oficina virtual te permite hacer una búsqueda de los miembros en tu organización que corren el peligro de no recibir sus comisiones del mes. Busca personas que tienen un volumen personal PV menor de 100 PV (<100 PV) y su volumen de generación OGV sea mayor de 500 PV (>500 PV).

Cuando veas esta combinación es posible que tu cliente esté perdiendo dinero.

Es posible que el emprendedor no se de cuenta que perdió la marca de 100 PV o quizás nunca planeó tener un negocio o uno que ha comenzado a crecer. Tú puedes estar dándole muy buenas noticias y evitar que no reciban un cheque. Llama a esos clientes al menos una vez al mes.

Recompensas esenciales

Examina a todos los miembros que están en el programa de Recompensas Esenciales y asegúrate que sus pedidos se procesaron correctamente. Si ves que transcurrió un día sin una marca de verificación, llámales para ver si todo está en orden.

Empieza tu ola

Ahora que tienes una agenda llena de actividades y ocho diferentes ideas de marketing a elegir - es hora de comenzar a crecer. ¡Deja que empiece tu ola de los negocios!

Identifica y capacita a tu equipo

En esta sección te enseñaré como hacer que tu negocio sea intencional en vez de accidental y te daré una guía paso por paso para formar tanto a tus clientes valiosos como a los nuevos miembros de tu equipo. Para empezar, recomiendo que elijas tres asociados. Sabrás quienes son porque demuestran las características siguientes:

1. Tienen un "por qué" muy fuerte y definido.
2. Están en el programa de Recompensas Esenciales
3. Dedican tiempo a organizar clases y actividades.
4. Dan un seguimiento diligente a los clientes que les "regalas".
5. Asisten a todas las actividades posibles de la empresa en su zona

Una vez que los tres asociados están capacitados

y rumbo al éxito con Young Living, identifica a tres más. Es necesario un total de seis asociados para maximizar el plan de compensación que ofrece Young Living.

Capacita a tus nuevos asociados

De la misma forma que mencionamos de crear una estrategia de marketing, también usamos una plataforma de capacitación para los emprendedores. Te invito que leas mi primer libro, *How to Be a Stunning Success in Network Marketing* (*Cómo triunfar con marketing relacional*), porque allí enseño como "jugar al "ajedrez" con tus nuevos distribuidores.

A continuación se presentan las cuatro capacitaciones que hacemos con los nuevos distribuidores.

Capacitación #1

Da a tu nuevo asociado una copia de este libro y ábrelo en las páginas 48-49. Analiza la primera sección, ayúdale encontrar su "por qué" y dile que lo apunte.

A continuación, examina con ellos cómo hacer que su tiempo cuente y hacer un listado de las actividades en la vida que ellos creen son las más importantes. Ayúdales a escoger las horas dedicadas al negocio de Young Living.

Explica cuidadosamente el plan de compensación

incluyendo una descripción detallada de las bonificaciones para equipo *Rising Star*, ya eso será su primer objetivo de negocios. Explica los requisitos y como conseguir las bonificaciones hasta incluso la actividad de inauguración. No dediques demasiado tiempo a eso ya que todo esto está bien detallado en el libro y tu distribuidor puede leerlo cuando desee.

Tú, como su mentor, tienes que darle las dos primeras tareas: primera, conseguir una agenda y segunda, completar su Plan de futuro y de negocio. Tienen que completar ese plan y hacértelo llegar antes de la siguiente sesión de capacitación.

Capacitación #2

Lee y analiza su Plan de futuro y de negocio. ¿Corresponde el número de horas que están dispuestos a trabajar con las ganancias que desean obtener? Dos importantes aspectos a mencionar en esa sesión son los dos primeros pilares del marketing. Aquí es cuando explicas la actividad de inauguración del negocio y las cinco cosas que hacen todos los emprendedores (ver página 122). Averigua si tu nuevo asociado hace esas cinco cosas, si no es así, analiza el por qué.

Haz que tu nuevo asociado grabe un mensaje profesional de voz en su teléfono. Es una forma muy fácil y eficaz de publicitar su nuevo negocio. Ayúdales a empezar y configurar su nueva página web y una vez que la página y el mensaje estén listos puedes darle algunas ideas sobre las invitaciones para su actividad de inauguración. Acuerda una fecha para la actividad y planifica la siguiente sesión de capacitación que será, sobre todo, poner los conocimientos en práctica.

Capacitación #3

Haz que tu nuevo asociado practique una clase entera desde el principio hasta el fin. Habla con tu nuevo constructor del negocio de dar seguimiento con cada uno de los asistentes la noche anterior a la clase. Responde toda pregunta que tengan. ¡La actividad de inauguración es lo siguiente! La Capacitación #4 sucede después de la actividad de inauguración.

Muchas veces, si vivo cerca de la persona que va a realizar la actividad me ofrezco para impartir la primera clase, la segunda vez dejo que el nuevo asociado imparta la mitad de la clase, y la tercera vez que imparta toda la clase, mientras yo observo. Si la actividad de inauguración es una clase virtual, funciona prácticamente de la misma manera.

Aun cuando las clases son la base de la mayoría de los planes de negocios, hay excepciones. Por ejemplo, si la persona vive en una zona rural muy aislada y no puede impartir clases, tienes que ayudarla a diseñar otro plan utilizando los otros pilares de marketing para que empiece a sonar su teléfono.

Capacitación #4

¡Tiempo para reflexionar! Abre este libro en la página 85 y revisa las preguntas con tu nuevo emprendedor de negocios. ¿Qué salió bien? ¿Qué podría haberse mejorado? El resultado de la actividad de inauguración determinará la dirección y el objetivo de la capacitación. ¿Necesitan ayuda para invitar a gente? Considera repasar el refrescador de la memoria para ayudarles a pensar a quien más invitar. ¿Quedaron encantados los invitados con los productos y querían que se enseñaran las clases en sus casas? Deja que la actividad guíe tu tutoría.

Aprovechar el poder de tu equipo

El poder del marketing relacional es el apalancamiento. Es unir el tiempo y el esfuerzo de todos los miembros de tu equipo para crear un éxito a largo plazo para todo el equipo. Tienes que capacitar a tu equipo a ser fuerte para que haga lo mismo con sus equipos.

Desde un negocio accidental a uno intencional

Si eres como la mayoría de los distribuidores de Young Living, seguro que te cautivaron varios de nuestros productos, los recomendastes a tus amigos así como les recomendarías un restaurante bueno - y de pronto tienes en marcha un negocio accidentalmente.

Es lo mismo que me pasó a mí. De hecho, por muchos meses la gente me quería comprar los productos y yo les decía: "No, yo no los vendo, deben llamar a otro distribuidor".

Young Living tiene el número más alto de usuarios felices jamás visto en esta industria. Generalmente, los clientes se incorporan como miembros mayoristas porque les encanta la idea de aprovechar los descuentos. Muchas veces comparten el producto con algunos amigos, pero sobre todo se convierten en usuarios leales.

Cuida mucho a ese tipo de clientes ya que ellos dependen de nosotros para continuar su educación, tener información al día de nuevos productos y de normas de la empresa. Asegúrate de que ellos también reciban tu boletín informativo una vez al mes. Anímales a compartir su dirección de correo electrónico con Young Living, dado que la empresa también proporciona materiales educativos para sus usuarios.

Estrategias para ampliar tus destrezas de comunicación

Dr. Thomas W. Harrell, profesor de la Universidad de Stanford, dedicó parte de su carrera a dar seguimiento de los graduados en MBA (Máster en Administración de Empresas). Descubrió que el promedio de notas tenía poco que ver con el nivel de éxito que cada uno de ellos tuvo en el mundo de los negocios; lo que realmente importó fueron sus aptitudes sociales.

Los graduados que consiguieron los trabajos más prestigiosos y con los salarios más altos eran muy comunicativos, extrovertidos y dinámicos.

John Callen, un reclutador de ejecutivos de Nueva York dice que "la habilidad más valiosa que se busca, desde los niveles más bajos hasta el directivo general, es la habilidad para comunicarse con la gente". Prepárate para triunfar en marketing si amplías tus destrezas para comunicarte.

1. Conviértete en un oyente activo e intencional

Los siguientes ejemplos provienen del libro *Co-Active Coaching* de Henry Kimsey-House, Karen Kimsey-House, Philip Sandahl y Laura Whitworth.

Nivel 1 Escuchar

Ese es el nivel más bajo de escuchar y está completamente enfocado en nosotros mismos. Incluso si oímos lo que está diciendo la persona, estamos solo prestando atención a cómo esa información nos está afectando.

Nivel 2 Escuchar - Escuchar atentamente

Ahora estás sintonizando más en sus emociones, inflexiones, expresiones faciales, gestos y postura. Esto se llama un nivel empático.

Nivel 3 Escuchar - Escuchar integralmente

Este nivel más alto de escuchar es el que tiene en cuenta la acción, inacción e interacción de la gente involucrada pero además tiene en cuenta el entorno. Depende mucho de la intuición del oyente.

Los artistas, cómicos, actores, músicos y oradores tienen la habilidad de monitorear las reacciones de su público a lo que se le está diciendo. Si quieres tener buena influencia en la gente, tienes que conseguir llegar al Nivel 3 - Escuchar integralmente.

2. Aprende a hacer preguntas de calidad

Los buenos líderes hacen preguntas que inspiran a los demás a soñar más, pensar más, aprender más, hacer más y llegar a ser más. John Maxwell

Brian Tracy dice lo siguiente:

El estímulo más importante para el pensamiento creativo es hacer preguntas bien enfocadas.

Nuestro equipo ha implementado una disciplina de hacer al menos tres preguntas antes de mencionar nuestro producto u oportunidad de negocio. Pregunta, escucha, pregunta, escucha, pregunta, escucha y LUEGO responde.

3. Haz una invitación

Utilizando el ejemplo anterior, si alguien comenta sobre el perfume que llevas di algo como, por ejemplo: "Este el aceite esencial Joy. ¿Tienes experiencia con los aceites esenciales?"

Las preguntas son una forma increíble para iniciar una conversación. Al final de la conversación asegúrate de hacer la invitación. "Daré una clase introductoria sobre los aceites esenciales en mi casa el jueves próximo, ¿deseas venir?" Recoge sus datos personales y mándales una tarjeta con la invitación para tu siguiente clase.

Si la idea de hablar con la gente e invitarla a tu próxima reunión te agobia y te hace sentir incomodo, ésta es tu oportunidad para superar ese obstáculo.

Los obstáculos son las cosas que se interponen entre nosotros y lo que queremos para nosotros mismos, nuestros negocios y nuestras familias. Si hay algo que no te permite lograr lo que deseas, ¡hay esperanza!

Prepárate para superar los obstáculos

¿Cuales son los obstáculos que te alejan del éxito?

- Habilidades interpersonales
- Habilidades técnicas
- Situación familiar
- Tu salud
- Otros obstáculos mayores

Haz un listado con tus obstáculos mayores, reflexiona en qué puedes hacer para superarlos y elabora un plan. Tener un asociado con quien hablar francamente es fundamental para maximizar tu éxito.

Escribe tu plan en un calendario y escucha regularmente las clases, MP3, audiolibros y cursos en línea. Nunca dejes de crecer y desarrollarte

Solucionar problemas con tu equipo

Como líderes siempre tenemos que estar atentos y cuidar de nuestro equipo. Aquí expongo un ejemplo de preguntas que te puedes plantear cuando reconoces que hay un problema, pero no sabes la solución:

- ¿Por qué ha ocurrido este problema?
- ¿Cómo lo podemos solucionar?
- ¿Qué pasos específicos tenemos que tomar para solucionarlo?

Cuantas más preguntas de ese tipo hagamos a nuestro equipo, más sabremos sobre sus opiniones y puntos de vista, mejor podremos adaptarnos a la situación, guiar al equipo con más precisión y llegar a ser un líder más eficaz. La pregunta que siempre tenemos que plantearnos es: "¿Estoy aportando valor a mi equipo?"

Para concluir esa sección sobre los negocios, te dejo unas preguntas para plantearte a ti mismo:

1. ¿Aporto valor a mi equipo?
2. ¿Aporto valor a mis clientes?
3. ¿Ofrezco la mejor atención al cliente posible?
4. ¿Me mantengo al día con las nuevas tecnologías?
5. ¿Me comprometo diariamente a mi desarrollo personal?
6. ¿Tengo claras las prioridades con mi familia?
7. ¿Mantengo informado puntualmente a mi equipo de las novedades de la empresa?
8. ¿Organizo bien mi tiempo?
9. ¿Cuido mi salud física diariamente?
10. ¿Me estoy convirtiendo en un mejor oyente?

Notas

Notas

Sección tres

¿Cuán grande es tu ola de liderazgo?

¿Cuán grande es tu ola de liderazgo?

Dentro de cada uno de nosotros, yace un deseo innato de lograr algo más grande que nosotros, algo que sobreviva para las futuras generaciones. Una vez que obtengas éxito con tu negocio, es normal que empieces a buscar y desear relevancia.

¡Has nacido para ser un líder! ¿Lo crees? Algunas personas tienen formas muy sutiles y delicadas de trabajar o guiar, pero siguen siendo líderes. Tienes este libro en tu mano porque te ha llamado la atención, porque eres un líder nato. ¡Me emociona muchísimo hacer este viaje contigo!

Todos los sueños nobles necesitan de un equipo. La verdad es que no podemos lograr nuestros sueños en la vida sin un equipo. El marketing relacional es el mejor programa de desarrollo personal que existe porque gracias a él aprendemos como formar parte de un equipo.

Desde que tenía cinco años, sabía que nací para ser una emprendedora. Dirigir una idea de marketing me resulta facilísimo; ¡lo puedo hacer mientras duermo! Lo que no sabía era que los emprendedores generalmente no son líderes natos. ¿Por qué? Porque a veces los emprendedores carecen de paciencia. ¡Queremos hacer todo ahora mismo!

Dado mi entusiasmo para los negocios, pensé que

a la gente le encantaría mis ideas y estaría dispuesta a seguirlas. ¡Nada más lejos de la realidad! La gente no responde a tu magnífica idea, responde porque eres un buen líder. A nadie le importa cuánto sabes, quieren saber lo mucho que te importa.

En el año 2012 me sentí agradecida de estar en el uno por ciento de las mujeres mejor pagadas en los Estados Unidos de América. Aunque me encanta y aprecio la abundancia de la que disfruto, el dinero no es uno de los factores que me motivan. ¡A mí me encanta la gente! Deseo de corazón ver a la gente llegar a un nivel más alto de felicidad y realización; para hacerlo posible he decidido que necesito ser una mejor líder.

Ser un buen líder empieza siempre en tu interior

Cuando empiezas a crecer en tu interior, ese crecimiento se expande hacia fuera. Es mucho mejor concentrarse en el desarrollo que en los objetivos, porque el crecimiento interno produce los objetivos.

Me matriculé en un programa intensivo de liderazgo de seis meses ofrecido por John Maxwell. Después de graduarme en la escuela de John Maxwell, entré en el siguiente nivel de capacitación, un programa intensivo para mentores. El impacto que estos cursos tuvieron en mi vida personal y profesional fue asombroso.

Teri Secrest y John Maxwell en un entrenamiento de liderazgo

En 2015 la revista Inc. nombró a John Maxwell el líder más influyente del mundo actual, y creo que escogieron a la persona correcta. En esta sección voy a compartir algunos conceptos que aprendí de John Maxwell. Otros mentores cuyos grandes ideas están reflejadas en este libro son Jim Rohn, Darren Hardy, Robert Kiyosaki, Dale Carnegie, Napoleon Hill y muchos más.

¿Quiénes son tus héroes?

Pastor Bill Johnson

Piensa en todas las personas que están cambiando el mundo hoy en día; ¿con cuál de ellas te ves identificado?

Bill Johnson es el Pastor Principal de la iglesia Bethel en Redding, California.

Cuando era pequeño, su padre le hacía la misma pregunta todas las noches antes de ir a la cama. Le preguntaba: "Hijo, ¿hay algo que Dios quiere que hagas y que solo tú lo puedas hacer?" Hoy en día, Bill Johnson es uno de los líderes espirituales más influyentes de nuestro tiempo.

Una pregunta que hago frecuentemente a mis hijos mediante un mensaje de texto es: "¿Has hecho hoy lo mejor posible?" Seguramente estarán pensando: "Mamá, ¡he oído es o ya mil veces!" Pero yo creo firmemente que pasado un tiempo, estas palabras se convertirán en una de las reglas en su vida.

En esta sección vamos a examinar algunos principios universales sobre el liderazgo que creo puede ser un momento de descubrimiento para tu desarrollo.

¿Quiénes son tus héroes?

¿Quiénes son las personas en tu vida que admiras y con las que te sientes identificado? ¿Quién te gustaría que fuera tu mentor o guía? ¿En qué aspectos crees que necesitarías tutoría? Escribe tus respuestas a continuación.

Mis siete pilares de liderazgo

1. Valores esenciales

Nuestros valores esenciales son los valores innegociables que definen quienes somos. Sabiendo quienes somos y qué valoramos, llevaremos este conocimiento en todas nuestras decisiones como líder.

Dedica un momento hoy y escribe tus cinco valores esenciales; compártelos con un ser querido o con un amigo de confianza y úsalos como referencia frecuentemente.

Las tendencias culturales de hoy en día pueden hacernos sentir muy inestables, como una bandera ondeando en el viento. Aunque yo creo de todo corazón en aceptar y querer a la gente, yo respeto mis valores esenciales y no tengo miedo de dejar saber a la gente quien soy. Deja que la gente sepa quién eres. Te sorprenderá que la mayoría te respetará por ello.

Mis valores esenciales son:

1. ______________________________
2. ______________________________
3. ______________________________
4. ______________________________
5. ______________________________

2. Carácter

El carácter es la suma total de nuestras elecciones diarias. Es la coherencia de los valores, ideas, pensamientos, palabras y acciones.

¿Cómo puedo darme cuenta si necesito ajustar un poco mi carácter?

John Maxwell sugiere plantearnos estas preguntas regularmente:

1. ¿No cumples con los plazos a menudo?
2. ¿Haces declaraciones de cambiar y luego vuelves a tus maneras habituales?
3. ¿Pones más importancia en complacer a los demás que en ser fiel a tus valores?

4. ¿Estas dispuesto a ocultar la verdad para salir de una situación difícil?
5. ¿Haces lo que te resulta más fácil, sabiendo que no es lo mejor?
6. ¿Notas que las personas son un poco reticentes a confiar en ti?

Si has respondido "sí" a alguna de estas preguntas, habla con alguien de confianza para que te ayude a resolver estos asuntos y sobre todo para que puedas avanzar hacia tu máximo éxito.

3. Conectarse

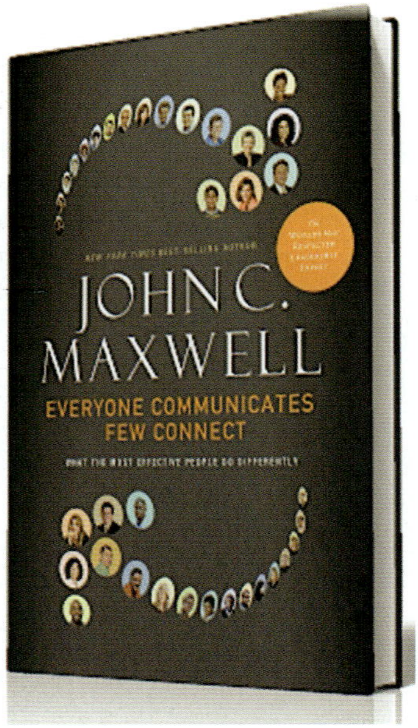

Hasta hace unos años pensaba que la comunicación era lo más importante. En el libro *Everyone Communicates, Few Connect* (*Todos comunicamos, solo algunos conectan*), John Maxwell señala que, "Relacionarse con alguien de verdad, requiere tanto conexión intelectual como emocional."

Expongo aquí algunas cosas que aprendí que espero te sirvan a ti también.

- Comunica a tu equipo cómo crees que los diferentes miembros añadieron valor a tu vida.
- Sé un consejero de confianza para tus clientes.
- La mejor pregunta es "¿Por qué?"
- Escucha hasta llegar a un punto en común.
- Comparte los fracasos con tu equipo.
- Intenta encontrar y comprender por qué los miembros de tu equipo se sienten de una manera u otra.

¡Conéctate con la gente! ¡Valdrá la pena tu tiempo y esfuerzo!

4. Valentía

Cuanto más alto estés en tu negocio más valentía necesitarás. Me acuerdo de haber sugerido ideas de marketing a mi equipo y todos pensaban que yo era excéntrica. A veces ellos tenían razón pero en otras ocasiones eran las ideas de marketing más extrañas y de alto riesgo, las que tuvieron más éxito. Ser valiente es analizar todos los riesgos y consecuencias y seguir adelante con la idea. Tienes que desarrollar tu valentía para llegar a la cumbre con Young Living.

Una de las cosas sorprendentes que aprendí sobre el éxito es que hay gente a quien simplemente no le caes bien y no le importa si tienes éxito. Dado que soy una persona con gran amor por la gente, eso me duele mucho. Pero no es algo que puedas cambiar; acéptalo y sigue adelante en tu camino.

Valentía es elegir siempre el camino correcto y siempre asumir la responsabilidad de tus elecciones. ¡La gente quiere seguir a las personas valientes!

5. Creatividad

La creatividad es de suma importancia para un buen liderazgo. Tienes que saber pensar con los pies bien plantados, ser capaz de cambiar el rumbo si el proyecto lo requiere y saber dirigir sesiones productivas de "tormentas de ideas" con tu equipo.

La gente que es muy rígida pierde la creatividad y a menudo deja pasar las buenas ideas nuevas por mantener las antiguas.

Hoy en día, los negocios no funcionan igual que hace veinte años. Solo porque tu "siempre lo has hecho de esa manera" no significa que sea la mejor.

Si notas que te falta creatividad, considera inscribirte en una clase de arte o de pintura o haz algo que te permita pensar fuera de los límites que te has impuesto. Vas a necesitar toda la creatividad posible para guiar a tu equipo hasta la cumbre.

6. Confianza con humildad

Tener confianza en ti mismo y en tus habilidades es una cualidad muy positiva en un líder. La gente quiere seguir a alguien que se siente seguro de sí mismo. Pero asegúrate de permitir que se distingan otros miembros de tu equipo; honra y reconoce sus logros a menudo.

Tener confianza con humildad es reconocer que los demás te han ayudado a convertirte en la persona que eres.

7. Claridad en tu vocación

Una de las cosas más difíciles que vas a afrontar mientras desarrollas tu negocio es que la gente tiene muchas expectativas sobre ti. Te pedirán que hagas una cosa u otra, que vayas aquí o allá, o que apoyes una u otra causa. Yo no estuve preparada para eso cuando me ocurrió. A veces sientes como si tu vida ya no fuera tuya. Es cuando descubres que tienes que lograr claridad en tu vocación y concentrarte en tu propia visión. ¡Si no tienes claro tu propio camino, alguien va a escoger el camino por ti!

Dedicar un rato cada día para pensar y reflexionar me ha ayudado a mantener los pies firmes en la tierra y me permitió ser más eficaz al ayudar a los demás.

Tendrás que decir "No, gracias" más a menudo pero tus "sí" a las oportunidades correctas te van a convertir en un líder mucho más eficaz.

Una nota final sobre los siete pilares

Si te enfocas en uno de los siete pilares de liderazgo durante siete días, creo que te beneficiará mucho. Además este es un buen ejercicio para hacerlo con tu equipo por una semana. Puedes comentar uno de los siete pilares en tu grupo de Facebook cada día por una semana y compartir pensamientos e ideas. Podemos aprender mucho los unos de los otros.

El desarrollo de las habilidades de liderazgo es un compromiso a largo plazo, así que, ¡manos a la obra! Si encuentras a un compañero de negocios o un asociado de responsabilidad para acompañarte en este viaje, ¡mejor! ¡El secreto es no dejar que nada ni nadie te haga cambiar tu idea sobre tu decisión de crecer!

Hay muy pocos líderes verdaderos en el mundo. Los que no tienen una visión clara para guiar y ser líderes van a ser tus peores críticos y harán todo lo posible para quebrar tu entusiasmo. Escribe tu visión de liderazgo y no dejes que nada haga cambiar tu idea.

Cinco cualidades fundamentales de un líder eficaz

1. Los líderes son lectores

Si deseas ser un buen líder, desarrolla el gusto por la lectura. Los líderes son lectores y los lectores son líderes. Si tu horario no te deja mucho tiempo para leer, consigue libros en forma de audio o en MP3. Yo leo todo con un destacador amarillo, marcando todo lo que me parece importante. Después vuelvo a leer la información destacada un par de veces más hasta que siento que empieza a formar una parte de mi vida y de mis acciones. La verdad es que no puedes equivocarte si eliges uno de los setenta libros de John Maxwell sobre el liderazgo.

Solía pensar que los buenos líderes son buenos maestros. Pero lo que me ha enseñado mis treinta y cinco años de experiencia en los negocios es que los buenos líderes hacen buenas preguntas. Cuanto más preguntes, más información recibirás y mejor será la comunicación.

Cuando tengas la oportunidad de reunirte con una persona que admiras y respetas por su trabajo, llega con un listado de preguntas que hacerle y toma buena nota de las respuestas.

Uno de los libros más útiles para estudiar y comentar con tu equipo es "*15 Invaluable Laws of Growth*" (*15 Leyes valiosas del crecimiento*).

2. Los líderes están dispuestos a corregir sus defectos

Puede que te preguntes por qué es tan difícil ser líderes de nosotros mismos. Es debido a que tenemos puntos ciegos que no nos dejan ver nuestros problemas y fallas. Un punto ciego puede ser una adicción, una debilidad, nuestro ego, inocencia, no prestar atención a los detalles y muchas cosas más.

Por eso es que necesitamos asociados de responsabilidad, una persona cercana que nos conozca y nos quiera incondicionalmente y que nos dirá la verdad sobre nuestros puntos ciegos. Puede ofrecer apoyo y soluciones. ¡Nunca intentes trabajar solo en el marketing relacional dado que no podrás lograr el máximo éxito y no es divertido!

3. Los líderes eligen su actitud

La causa principal de los resultados que obtenemos en los negocios es nuestra actitud. Tenemos que estar dispuestos a cambiar el énfasis del efecto de nuestras experiencias hacia la causa de ellas.

Zig Ziglar dice: "Es tu actitud, no tu aptitud, la que determina tu altitud". Para ser un líder verdaderamente bueno, tenemos que asumir el 100 % de las responsabilidades de todas las acciones que tomemos en nuestra vida.

Me encanta la siguiente cita de Christian Simpson:

"La vida es un espejo que refleja todo lo que le pones delante. ¡La vida te da lo mismo que tú le das a ella! Si tu negocio y la calidad de tu vida no son lo que tratas que sean, es hora de examinarlo contigo mismo".

Nunca es demasiado tarde para cambiar algo que no esté funcionando.

4. Los líderes no hacen excusas

Las excusas disminuyen nuestro prestigio. Sé coherente y fiable. No siempre somos perfectos pero debemos ser siempre honestos.

5. Los líderes guían bien en el hogar

A medida que vayas desarrollándote como líder te darás cuenta de que se expande tu capacidad de afectar a tu cultura y eso comienza en tu hogar. Hay un dicho antiguo que me encanta: "La mano que mece la cuna es la mano que domina el mundo".

¿Has batallado alguna vez con la rutina cotidiana de ser un padre o una madre? ¿Los platos que nunca se acaban, limpieza sin fin y a veces días ingratos? Yo amo y adoro a mis hijos pero admito que también tenía problemas con su crianza. La zona donde vivíamos me dificultaba mucho viajar y hacer muchas cosas que me gustaba hacer.

¡Al final me rendí! Me propuse hacer que criar a mis hijos fuera muy entretenido. Este cambio en mi actitud lo cambió todo. Mujeres, tenemos una oportunidad maravillosa de moldear la cultura de nuestro hogar. Estamos a cargo de la belleza, la música, el ambiente y de crear un refugio seguro para los hijos. Es un gran tesoro que se nos concedió y nunca es tarde para empezar a aprovechar ese regalo, aunque es mucho más fácil hacerlo cuando nuestros hijos son pequeños. Sea la edad que sea de tus hijos, ¡empieza hoy mismo!

Nosotros empezamos nuestra propia tradición navideña en la familia hace ya catorce años. La gente viene a nuestra casa, trae mucha comida para compartir, nos congregamos alrededor del piano y cantamos por horas. Ese tipo de tradición trae estabilidad, anticipación y consideración a tu vecindario y sin darte cuenta, habrás empezado tu propia ola cultural.

Padres, en las tradiciones antiguas era muy común que los padres bendijeran a sus hijos regularmente. El poder de esas palabras es tan importante que no se puede medir. Así como nosotros aspiramos y deseamos crear una ola cultural enorme, tus bendiciones pueden empezar también una ola cultural en tus hijos

Ser mentor de la siguiente generación

Todos los días hazte estas dos preguntas: "¿Qué estoy aprendiendo?" y "¿Puedo transmitirlo?". No importa la cantidad de horas que trabajes, dedica el 10 % de tu tiempo a educar a los demás. Si tienes un horario de cuarenta horas semanales, dedica cuatro de ellas para ser un mentor o guía de alguien.

¡Crea tu ola cultural siendo un mentor de la próxima generación!

- Guía a los que tienen hambre
- Guía a los que rinden cuentas y responsables
- Guía a los que te informan lo que aprendieron y qué hacen con lo aprendido.

Cuando aprendas algo nuevo, enséñaselo a alguien. Lo aprenderás tú mejor y beneficiarás a otra persona.

Pasar a una vida con significado

Cuando nos proponemos añadir valor, a educar e inspirar a los demás todos los días, nuestra ola de influencia crecerá por si sola y no hará falta que nos preocupemos por el legado.

Una vez que hayas conseguido significado en tu vida ya no estarás satisfecho con el éxito pero primero tienes que lograr el éxito.

Si vemos la vida a través del filtro del amor, la esperanza, la anticipación y la abundancia, la gente a nuestro alrededor también empezará a ver la vida de esa manera y así crecerá nuestra ola cultural.

Young Living es una empresa magnífica para trabajar ya que está profundamente comprometida a capacitar a la siguiente generación además de apoyar varias causas importantes en todo el mundo.

Si alguien comparte su sueño, pregúntale qué equipo tiene a su alrededor. ¡Tienes que tener un sueño y un equipo! Si estás rodeado de personas excelentes ¡ellas te llevarán más allá de tus sueños!

Mis tres grandes secretos del éxito

Para finalizar, me gustaría compartir los tres secretos de mi éxito en los negocios.

Primero, cuando tomé la decisión de empezar un negocio exitoso con Young Living no tenía experiencia, dinero para publicidad, no línea ascendente (*upline*) ni una computadora en los primeros cuatro años. Pero tomé una decisión importantísima de invitar a Dios para que fuera el directivo general de mi empresa y mi socio activo. Fue la mejor decisión que tomé en mi vida, una simple invitación al Creador del universo de acompañarme en ese viaje.

A menudo recibo soluciones ingeniosas a mis preguntas sobre marketing en medio de la noche y sé que yo sola no hubiera podido pensarlas. Muchas veces durante mis paseos matutinos fluyen nuevas ideas a mi mente y eso siempre me asombra. Yo creo sinceramente que a nuestro Divino Creador le gusta ser parte de nuestra vida y de nuestros negocios. ¡Tú también puedes disfrutar de su ayuda con solo pedirla!

Segundo, hace muchos años aprendí los principios de dar un diezmo mínimo del 10 % de mis ganancias para la obra de Dios. He decidido seguir ese principio y así aprendí que es simplemente imposible dar más de lo que recibimos del buen Señor.

Me entristece cuando la gente que asiste a la iglesia se queja sobre devolver el 10 % al Señor. De todas formas, Él es dueño de todo y ofrece generosamente cosas buenas a los que le honran. El principio del diezmo es universal, sea cual sea tu religión. Es un principio que activa una cadena de bendiciones para los que dan con sinceridad.

Tercero, cuando aprendí que el verdadero éxito es desarrollar mis propios dones y talentos y no tratar de ser como los demás, me liberé y empecé a concentrarme más en conocer, amar y satisfacer las necesidades de los demás.

Para mí es un privilegio compartir contigo mi experiencia y éxito de treinta y cinco años y sinceramente creo en tu éxito, tanto con Young Living como en tu vida personal.

¿Estás listo para desafiar tu ola? ¡Hagámoslo juntos!

Por tu éxito, con amor,

Teri Secrest

Notas

¡Diez maneras de superar las expectativas en tu vida y en el trabajo!

por John Maxwell

Solo el 2% del mundo supera sus expectativas en la vida y en los negocios. Si eres persistente y superas expectativas ¡puedes dominar este sector!

1. Si deseas crear una gran ola de liderazgo tienes que AMAR donde te encuentres en este momento. Ama lo que haces antes como después de alcanzar el éxito. ¡Cultiva una actitud agradecida en todas las fases de tu vida y disfrutarás realmente tu camino!
2. ¡Llega temprano y quédate hasta tarde!
3. Espera más de ti mismo que de los demás.
4. ¡No vivas de los triunfos del pasado. Haz el compromiso de continuar con tu desarrollo y formación hoy mismo y proponte añadir valor a la gente todos los días. ¡Ayer se terminó anoche!
5. No utilices las relaciones para cubrir tus defectos y fallas. De hecho, si haces un trabajo para un amigo, deberías hacer aún más.
6. ¡Pide comentarios constantemente! Nos vemos a nosotros mismos a través de

nuestras intenciones, los demás nos ven tal como realmente somos.

7. Pregunta a alguien: "¿Como lo hice?" y "¿Qué me falta?" El mejor cumplido que le puedes hacer a una persona es pedirle su opinión.
8. Sólo toma el camino más correcto con los demás. El camino incorrecto es ser egoísta y solo pensar en ti mismo. El camino del medio es: "Te trataré bien si tú me tratas bien". Y el camino ético es "Voy a tratarte mejor de lo que me tratas tú".
9. Da el 100% de ti mismo en momentos importantes del día; sé consciente del flujo de tu energía. Sé el mejor cuando realmente sea importante. Usa tus momentos más bajos de energía para tareas menos importantes. Rodéate de gente que tenga los mismos deseos de superar las expectativas.
10. ¡Haz algo por alguien cada día que no espere nada de ti!

Plan de futuro y de negocios

Completa y envía el siguiente plan a tu patrocinador antes de tu sesión de planificación.

Datos de la persona contacto:

Nombre	
Dirección	
Ciudad, Provincia/ Estado, Código Postal	
Teléfono en el día	
Teléfono en la noche	
Correo electrónico	
Sitio web	
Miembro Nº	

¿En qué trabajas en estos momentos?

¿Qué funciones y tareas desempeñas en el trabajo?

Comparte tus objetivos, sueños e ideas para desarrollar un negocio:

¿Cuál es tu misión en la vida–ese sueño más grande que tú y que perdurará cuando te hayas ido? ¿Cómo sería tu vida si el dinero no fuera un problema?

Para hacer realidad tus sueños:

¿Cuántas horas a la semana estás dispuesto a invertir en el negocio? _____ ¿A qué horas? Entre las _____ y las _____.

¿Estás dispuesto a invertir en tu salud y en tu capacidad de demostrar los beneficios del producto comprando productos con el programa *Recompensas Esenciales*? Sí _____ No_____.

¿Estás dispuesto a invertir de forma mensual en capital operacional? En caso afirmativo, ¿cuánto? Marca una opción con un círculo: $50 $100 $150 $200 $250

Plan de futuro y de negocios (Segunda página)

¿Estás dispuesto a invertir cada mes en el programa de generación de asociados potenciales que hagan crecer tu negocio?
En caso afirmativo, ¿cuánto? Marca uno con un círculo:
$50 $100 $150 $200 $250.
¿En qué invertirías? Marca uno con un círculo:
TV Radio Anuncios Internet

¿Cuáles son tus siete puntos fuertes?

¿En qué tres áreas crees que necesitas ayuda?

¿Sabes cómo trabajar con Internet? Marca con un círculo las opciones que correspondan: Computadora Internet
Correo electrónico Facebook Twitter Pinterest Blog Otros

¿Estás interesado en desarrollar tu negocio por Internet?
Muy interesado___ Algo interesado___ No estoy interesado___

¿Qué experiencia tienes y cuán cómodo te sientes navegando Internet y comunicándote por correo electrónico?
Mucha experiencia___ Alguna experiencia___
Ninguna experiencia___ No experiencia ___

¿Qué ingresos mensuales te gustaría obtener en este negocio?
En seis meses:_____$/ moneda de tu país
En un año:_____$/moneda de tu país
En tres años:_____$/moneda de tu país

¿En qué tres mercados locales te gustaría con centrarte para des arrollar tu negocio?
Mercado 1 ____________
Mercado 2 ____________
Mercado 3 ____________

¡Muchísimas gracias!
Te ruego me envíes por correo electrónico este plan completado. Te llamaremos para concertar la cita de tu sesión de planificación

Crea un listado de tu mercado cálido

Mi *Memory Jogger* personal (refrescador de la memoria

Tener la información de tus clientes potenciales en un solo sitio te permite medir y controlar mejor tu avance al ponerte en contacto con ellos.

¿A quién conoces? Primero escribe los nombres y luego vuelve y mira sus números de teléfono.

Una vez que hayas hablado con alguien, tacha ese nombre y escribe uno nuevo al final de la lista. Te sorprenderá la cantidad de gente que tendrás que invitar a tu fiesta de inauguración y después.

Para esta actividad recomiendo que empieces con las personas más cercanas. Luego puedes ir trabajando con tu listado del *Memory Jogger* en grupos de quince. Envía quince cartas, haz el seguimiento de esas personas y luego envía las siguiente quince. Es una forma genial para tener un flujo continuo de asociados potenciales.

Te sugiero que agarres la botella de *Ningxia Red*, añadas un poco de *Ningxia Nitro* y haz este proceso lo más divertido posible.

- Miembros de tu familia
- Amigos más cercanos
- Asociados más cercanos
- Amigos y vecinos
- Compañeros del trabajo
- Miembros de la iglesia
- Compañeros de pasatiempos
- Amigos de caza, pesca
- Amigos de hacer ejercicio

Personas con las que haces negocios:

- Mecánico
- Contador
- Banquero
- Cuidador de niños
- Concesionario de coches
- Médico/dentista
- Tintorero
- Dependiente de almacén/ gasolinera
- Estilista / peluquero
- Ama de casa
- Agente de seguros
- Abogado
- Comerciantes
- Farmacéutico
- Agente de bienes raíces
- Agente de viajes

¿Quién es mi...?

- Arquitecto
- Miembros de asociaciones
- Conductor del autobús
- Carnicero/panadero
- Técnico de computación
- Padres de amigos de tus hijos
- Quiropráctico
- Miembros de un club
- Repartidor
- Conductor de FedEx/UPS
- Bombero
- Florista
- Recaudador de fondos
- Vendedor de muebles
- Jardinero
- Golfista
- Funcionario público
- Artista gráfico
- Peluquero
- Encargado de mantenimiento
- Profesional de la salud
- Personal de Hospital
- Personal de Recursos Humanos
- Agente de seguros
- Proveedor de servicios de Internet
- Decorador de interiores
- Joyero
- Técnico de laboratorio
- Abogado
- Agente/Gerente de arrendamientos
- Funcionario de préstamos
- Gerente
- Terapeuta masajista
- Mecánico
- Ministro
- Nutricionista
- Profesional de cuidado de mascotas
- Terapeuta físico
- Oficial de policía
- Gerente de propiedades
- Miembros de un equipo deportivo
- Sastre
- Veterinario M

Lea todos los libros de Teri Secrest

Disponibles en www.TeriSecrest.com

Destrezas para negocios y liderazgo

How To Be A Stunning Success in Network Marketing

Cómo triunfar con marketing relacional

Sei Ein Durschlagender im Network Marketing

Pasos a seguir en el desarrollo del negocio y destrezas de liderazgo para emprendedores de Young Living

How Big is Your Wave?

¿Cuán grande es tu ola?

Libro de cocina para una salud natural

Eating Out of Heaven's Garden

Salud e inspiración

A Biblical Perspective on Essential Oils

Ätherische Öle aus biblischer Perspektive

Una perspectiva Bíblica de los aceites esenciales

¿Cuán grande es tu ola?

¡Entra en la página *BraveYourWave.com* para conocer las fechas de la gira de Teri Secrest en tu zona

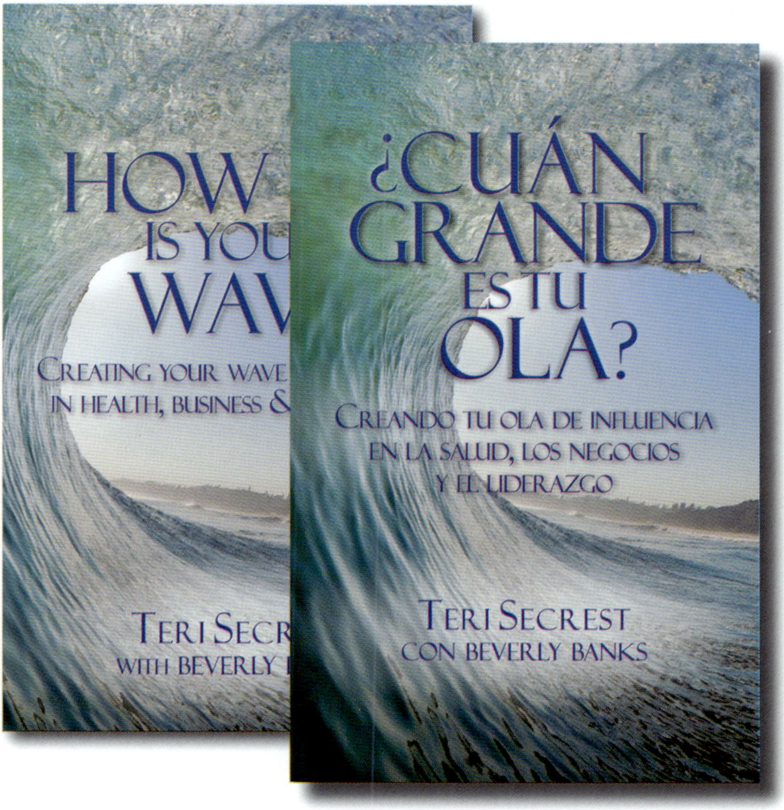

Anímate a desafiar tu ola con Teri y empieza a hacer realidad tus sueños más de lo que te podrías haber imaginado. Guiado por Teri Secrest y su enorme experiencia con el marketing relacional, aprenderás cómo empezar y edificar tu propio negocio exitoso de marketing. Algunos de los temas fundamentales de *¿Cuán grande es tu ola?* son: valores esenciales, carácter, salud, marketing, reconocimiento y liderazgo.

Disponibles en inglés y español.

Una perspectiva Bíblica de los aceites esenciales

Disponibles en inglés, alemán y español!

Acompaña a Teri Secrest en un viaje fascinante al pasado a través de la historia bíblica de los aceites esenciales. Descubre el secreto de la belleza irresistible de Ester. Aprende por qué Moisés hizo el aceite sagrado de unción para el Señor. Aprende las costumbres de ungir a reyes y santificar el templo para mantenerlo puro. Imagina tener acceso hoy a los mismos aceites esenciales usados hace 2.000 años para mantener el bienestar y la vitalidad.

- Folleto atractivo de 30 páginas a todo color.
- Perfecto para enseñar a grupos pequeños y grandes
- Simple y liviano para enviarlo por correo

Cómo triunfar con marketing relacional

¡Ahora disponibles en inglés, alemán y español!

El marketing relacional es el modelo de negocio más incomprendido y subestimado en el mundo actual. Aunque sus críticos desperdician su valioso tiempo intentando desacreditarlo, el marketing relacional sigue creando emprendedores exitosos, mientras que el modelo de negocios tradicional continúa registrando pérdidas, reduciendo plantillas y despidiendo empleados próximos a jubilarse.

Mi pasión es educar a la gente acerca de cómo tomar decisiones inteligentes de negocios que afectarán positivamente sus ganancias por generaciones.

Eating Out of Heaven's Garden

Cómpralos en *www.TeriSecrest.com*

¡Éste es el comienzo de tu romance con la comida! Teri Secrest es una apasionada de la comida…pero de la comida sana y deliciosa.

Dado que es hija de un cocinero francés, Teri aprendió a picar verduras con un cuchillo francés desde que era una niña y esa pasión la ha llevado a todas partes del mundo enseñando y compartiendo conocimientos sobre alcanzar salud vibrante y longevidad.

Si estás listo para despedirte de la comida basura y del estilo de vida relacionado con ella, ¡este libro es para ti! Más de noventa páginas con las más deliciosas recetas, ¡muchas de la propia cocina de Teri!

Eating Out of Heaven's Garden hace que comer sanamente sea delicioso y dichoso.

Sobre la autora

Teri Secrest lleva treinta y cinco años acumulando éxitos como emprendedora y posee amplia experiencia en el desarrollo de negocios y de líderes. Ella es una instructora certificada de bienestar, una instructora certificada del Programa de Liderazgo de John Maxwell, autora de varios libros y DVD sobre negocios y ha alcanzado el nivel más alto en su empresa de marketing relacional.

Como una de las mujeres con más altos ingresos en los Estados Unidos de América, la satisfacción de Teri es ser mentora de otros emprendedores para que logren su máximo potencial. Ella enseña extensamente sobre negocios y estilos sanos de vida alrededor del mundo incluyendo los Estados Unidos de América, Europa y Asia, Sudeste de Asia, y ha participado en más de 50 programas de radio y televisión.

Teri vive cerca del océano en el hermoso estado de la Florida.